寿韶峰
——
著

饭局的艺术

上海交通大学出版社
SHANGHAI JIAO TONG UNIVERSITY PRESS

图书在版编目（CIP）数据

饭局的艺术 / 寿韶峰著. -- 上海：上海交通大学
出版社，2023.5
ISBN 978-7-313-28390-0

Ⅰ.①饭… Ⅱ.①寿… Ⅲ.①饮食－礼仪－基本知识
－中国 Ⅳ.①K892.26

中国版本图书馆CIP数据核字(2023)第053052号

饭局的艺术

FANJU DE YISHU

作　　者：寿韶峰
出版发行：上海交通大学出版社　　　　地　　址：上海市番禺路951号
邮政编码：200030　　　　　　　　　　电　　话：021-52717969
印　　制：唐山富达印务有限公司　　　　经　　销：全国新华书店
开　　本：690 mm×980 mm　1 / 16　　印　　张：11.75
字　　数：120千字
版　　次：2023年5月第1版　　　　　　印　　次：2023年5月第1次印刷
书　　号：ISBN 978-7-313-28390-0
定　　价：48.00元

前言

中国社会，历来看重人情关系。亲戚、朋友、同学、同事等，任何一种关系都十分重要。巩固和维护人际关系需要合适的时机，饭局就是一个非常好的场合。吃得舒心，喝得舒服，聊得开心，情感就会拉近，关系便得以维护。

饭局里规矩繁多，有明有暗。明处是指各种礼仪。这个只要用心学习，把握真诚和尊重两个要点，通常不会出大错。至于暗处，或者说潜规则，就麻烦得多：不明确，微妙，千变万化。要想参透其中门道，须多观察，细品，多实践，随机应变，关键在于了解人性，明白对方真正的意图。

组织或参加一场饭局，往往需要外松内紧。表面上必须是放松随意的，可以提升人际关系，内里却必须保持警惕，越重要的饭局越是如此。什么该说什么不该说，怎么说；要不要表现自己，怎样表现才既引人注意又不惹人反感；感谢他人，话要怎么说才不会有谄媚之嫌，不显得低三下四？……诸如此类的问题很多，需要事先想清楚，在饭局上才不会失态。

本书将从外到内探讨饭局，把规则与技巧贯通起来，全面解读饭局交际之道，希望能给读者以启发。为了便于速查，本书采用了"手册"式编排的形式。内容已尽量精简，切实有用，若读者运用得当，或可起立竿见影的效果。

目　录

第一章　东道主注意事项

○ ○

第二章　做个优秀客人

○ ○

第三章 饭局礼仪

○ ○

第四章 喝酒的规矩和技巧

○ ○

第五章 饭局聊天注意事项

○ ○

第六章　饭局上怎么谈正事

○ ○

第七章　饭局聊天中的微妙之处

○ ○

第八章　席间怎样与人和谐相处

○ ○

第九章　怎样调节饭局气氛

○ ○

第十章　怎样展示自己
○ ○

第十一章　饭局的结束
○ ○

第一章

东道主注意事项

○ ○

第一节　饭局的档次、地点和时间

安排饭局时，最好先让客人来选地方。这样做既可以显示你的尊重，又可以通过客人选定的地方了解他预期的档次，以便做出相应的安排。很多时候，客人不好意思挑地方，会把决定权交给你，这时你可以提供几种不同的风格让对方选择，比如问问对方喜欢中餐还是西餐，如果是中餐，喜欢什么口味等。

如果客人把决定权完全交给东道主，那么身为东道主的你，在确定饭局档次时，应该有充足的预算，做到该省的省，该花的花，既不要让人觉得小气，也尽量不花冤枉钱。

确定饭局档次时，要考虑两点：

第一，饭局档次要与事情的轻重程度对等。举例来说，你要宴请的人在工作中帮了你不小的忙，你想答谢人家，那就得像模像样地摆上一桌才合适。如果只是生活中举手之劳的小事，感谢人家自然也是应当，但没必要过于隆重，否则人家会觉得你太见外，甚至怀疑你另有居心。当你请客吃饭是为了求人办事的时候，决定饭局档次的应该是你要办的这件事的重要程度，事情越重要，饭局的档次也要越高。

第二，饭局档次要视客人的身份而定。当你想请一个重要人物吃饭，与他又不是很熟悉时，一定要重视饭局档次的选择。所选餐厅的档次要与客人相称，为身份高的人安排档次低的餐厅，那是不尊重，没诚意，为身份一般的人安排档次特别高的酒店，会让人感觉紧张拘束。如果要请的人很多，应该尽量满足更有身份的人和对你要办的事情更有决定性作用的人的需求。

"吃"是一种文化，很多时候，客人不光在意吃什么，还注重"吃"的环境如何。如果餐厅环境不好，就算酒菜再丰盛，请客的效果也会大受影响。因此，请客吃饭一定要重视地点的选择。请贵客吃饭，最好去装修高档、服务质量高的场所，让客人感受到你的重视；请喜欢清静的客人吃饭，可以去幽静的农家院；请喜欢欣赏美景的客人吃饭，可以去花园式风格的餐厅；请热衷于传统文化的客人吃饭，不妨去有宫廷气息的御膳房；请注重私密性的客人吃饭，最好是去会所或高级酒店……总之，在确定饭局地点时做到符合客人喜好。

按照经济学原理，最划算的做法是"以最小的成本换取最大的价值"。请客吃饭时，我们也应该算算成本和收益。不过，所谓的"最小的成本"，并不是要你抠门小气，把饭局地点定在寒酸简陋的小馆子。性价比最高的做法，莫过于了解对方的喜好。如果摸准了对方的喜好，有时即使只是一桌普通的农家乐菜肴，也比山珍海味更得人心。很多时候，我们请客吃饭的目的是求人办事，那么饭局成功的关键因素之一，就是要按照客人的喜好去安排饭局。让客人尽兴，心情愉悦，想尽力去帮你，这才是一场成功的饭局。想了解客人的喜好，要在请客前收集客人的一些资料，比如年龄、职业、家庭情况等。收集的手段可以是旁敲侧击地询问当事人，或者向与客人关系比较亲密的人打听。了解情况后，还需要对所有情况进行分析，进而确定客人的心理需求。

安排饭局地点时，还要考虑酒店环境和周边的交通状况。环境包括酒店的装修风格、卫生状况、服务水平等，另外内部最好设有包间或雅座，以保证与客人沟通时不受外界打扰。至于交通状况，指的是酒店周边的交通是否便利，好不好打车，停车位够不够多，等。

至于请客吃饭的时间，最好安排在休息日。因为在休息日，大家心情都很放松，不用记挂着工作。如果不得不安排在工作日的话，最好选在晚上。纵观生活中的饭局，大多安排在晚上，而不是中午。一个原因可能是参加饭局多半得喝酒，如果中午喝了酒，下午还怎么工作呢？况且绝大多数行业都是禁止酒后上岗的。

第二节 如何邀请

如今这个时代，人人都很忙，有些人每天都要面临各种各样的邀约。想把这样的人请到你的饭局上，可不是那么简单的。所以说，请客吃饭，把客人请到是个技术活儿。准备得再周到，人请不来，也是白搭。

如果是你请客吃饭，那么在邀请客人时，一定要把握以下几点：

1.邀请的方式。如果是商务的、大型的、非常正式的饭局，邀请客人时最好用请柬。请柬的写法多种多样，如何遣词全看个人情况，但最重要的是简洁、明确，让对方觉得受重视并愿意赴宴。请柬上不可或缺的几个要素包括：东道主的姓名、联系方式，客人的姓名，宴席的时间、地点、形式。非正式的饭局，邀请方式可以灵活些，打电话邀请、当面邀请、托人邀请都是可以的。不管正式的还是非正式的饭局，邀请时都要明确告知饭局的时间、地点、包间号等信息。

2.邀请的理由。"天下没有免费的午餐"，这是谁心里都清楚的事情。当你请一个人吃饭时，对方心里难免会有这种顾虑，所以你要做的就是打消他的顾虑，让对方以一种放松的心态欣然赴宴。比如对方喜欢红酒，你就可以用品鉴红酒的理由来邀请对方，如此便可让对方以相对轻松的心态前来赴宴。

3.邀请的对象。邀请熟悉的人，或者性格比较直爽的人，不妨开门见山，直截了当。跟他们搞"迂回"那一套，反倒会让人家觉得假惺惺的，所以不如干脆点儿。邀请领导，最好用请教的名义。请领导吃饭，不能像请同事那样，随便找个理由。领导往往都很忙，要想让他答应你的邀请，要在请客的理由上下点功夫。通常情况下，以"请教"为由发出邀请，领导会比较受用，应允的可能性也更高。邀请下属，要调低姿态。领导想要工作做得好，下属的支持不可少。领导请下属，目的是保持和促进关系的和谐，让下属做好工作。因此在邀请下属时，领导不能摆架子，一副居高临下的姿态。领导与下属在私下里交往，彼此之间应该是平等和互相尊重的。邀请客户，不要提生意。你与客户之间虽然更多的是生意往来，但如果你想请人家吃饭，就别张口闭口都是生意、货款、合同之类的。恰当的邀请方式是突显朋友情谊，淡化生意上的事情。

4.邀请的时机。邀请客人的时机很重要，最好挑一个对方有空，或者心情比较好的时候开口。如果人家那段时间正忙得焦头烂额，或情绪低落，或身体不舒服，那你就是备了满汉全席，也很难把客人请到场。

5.要表现出足够的诚意。想要成功邀请到客人，诚意是最关键的一点。怎样做才能表现出足够的诚意呢？

　　首先，要有锲而不舍的精神。表现诚意的一种方式是坚持不懈，一次不行两次，两次不行三次，不要怕被拒绝。如果你有足够的诚意，再难请的客人也会被你感动。但是，坚持不懈不等于死缠烂打，一定要掌握好尺度，让对方感受到你诚意的同时，不会对你产生厌烦情绪，否则那就不是邀请，而是"绑架"了。

　　其次，要尽早邀请。俗话说："三天请，两天叫，当天为提溜。"意思是，想请人吃饭，提前三天打招呼，那才叫请；提前两天，"请"的意味就不够强烈了，只能称为"叫"；当天才打招呼，就有点像临时强押着人去似的，太不重视了。

　　最后，可以遵循"主随客变"的原则，把决定权交给客人。比如在邀请客人时，你可以问他："您哪天有空？周六，还是周日？""您什么时间比较方便？中午，还是晚上？""主随客变"是饭局中的一项重要原则，不只在邀请环节，其他很多环节也要遵循这个原则。

　　6. 不能把有矛盾的客人请到同一桌。请客时，不能把有矛盾的客人请到同一张桌上。邀请客人应该以主宾的喜好为准，主宾喜欢谁，你就请谁作陪；主宾不喜欢的，你宁可改天单请那个人一次，也不可把他叫来作陪。

　　很多人会有这样的苦恼：想请某个人吃饭，可那人不肯赏脸，怎么办呢？关于这个问题，我们可以从受邀方的角度来考虑。他在哪些情况下才会答应你的邀请？第一种情况，他觉得你这个人不错，想跟你多接触。第二种情况，你们之间比较熟悉，一起吃个饭很自然，完全不担心你会有什么图谋。如果你属于上述两种情况中的一种，那么只要用恰当的方式发出邀请，客人大概率会答应。如果你跟想请的人之间并不熟悉，但是出于某种需要，还是得请他吃饭，跟他有进一步接触。这时候，你就需要找一个中间人来穿针引线，帮你把客人请到场。这个中间人跟客人之间要比较熟悉，或者在客人心目中有足够的分量。

邀请客人，需要沟通的要素有很多，所以有的人不知道该怎么开口，或者不知该先说什么，后说什么。不必担心，只需按以下三个步骤来说就好了：

第一个步骤：点明请客的理由。比如说："李哥，您上次帮了我一个大忙，我感激不尽，想请您吃个饭，希望您赏脸。"

第二个步骤：确定陪客。请客吃饭，只有你和对方两个人，可能不够热闹，所以很多时候要叫上几个人作陪。陪客数量不可过多，否则容易喧哗吵闹，分不出主次，但也不能太少，要不然有可能会忙不过来。陪客不但包括东道主一方的，还包括主宾那一方的。应该让主宾知道你这边都安排了哪些陪客，还应该问问主宾想带上谁，这样更显尊重和诚意。比如说："李哥，我担心自己酒量不好，让您失望，所以还叫了小王和小张作陪，您看怎么样？您还想叫上谁一起？"

第三个步骤：逐一确定饭局的时间、地点、口味等事宜。沟通时，可以按照之前那种询问的方式。只要抓住对方喜好这个要点，就不会有什么问题。

　　经过这三个步骤的沟通，客人掌握了主要信息，你的安排又都是顺应他心意的，所以他大概率会欣然赴宴。

第三节 挑选什么样的人做陪客

东道主一方的陪客，分为主陪和副陪。人数少的饭局，通常只有一个陪客，这个陪客就是主陪。人数多的饭局，东道主可能需要安排两三个陪客，其中一人为主陪，其余为副陪。好的陪客不但要让东道主面上有光，还要让客人吃得满意、喝得尽兴、聊得开心，所以这就要求东道主在挑选自己这边的陪客时多加留意，不能随便找个人作陪客。

在挑选主陪时，东道主应该从哪些方面考虑呢？

1. 主陪的身份。主陪要与东道主和主宾都比较熟悉，否则就难以支撑起整个饭局。另外，主陪的身份不能高于东道主和主宾，否则容易喧宾夺主，也让双方感到压抑或拘束。

2. 主陪的年龄。主陪最好是主宾的同龄人，这样双方感兴趣的话题比较接近，阅历相当，更能产生共鸣。

3. 主陪要具备一定的酒量。如果主陪的酒量还不如主宾，陪到半路就醉倒了，未免会扫了主宾的兴致。

4.主陪要擅长交际、口才好。擅长交际，是指主陪要处事周到，有善于察言观色的本事。在整个就餐期间，主陪要懂得围绕主宾引起话题，活跃气氛。他要能与主宾推杯换盏，拉近主宾与东道主之间的距离，以达成东道主请客的目的，同时也不忘周全其他客人的感受。口才好，是指主陪不管遇到什么话题都得能接上茬，说出点道道儿来儿，这样才能让饭局气氛保持活跃，不至于冷场。

5.主陪要有责任感和分寸感。一个称职的主陪，在作陪时一定不能敷衍了事，而是要从应下差事那一刻起，就抱有全力以赴、不让东道主失望的心态。在作陪过程中，主陪要能重视所有待客环节，凡事想东道主之所想，尽力把客人陪好。比如在饭局开始前，主陪就得有摸清请客目的，客人身份、喜好、酒量等情况的意识。做到知己知彼，才能在饭局上做好自己的"分内事"。与此同时，主陪还要懂得分寸，不能惦记着抢东道主的风头，但也不能没什么存在感。

6.主陪要很有眼色，能时刻跟东道主打好配合。主陪要最大程度地协助东道主把话说到位，把气氛烘托到位。客人到场后，主陪就要开始热情招待了，或点烟，或倒水，更重要的是找话题陪客人聊天，不能让客人觉得闷，没话说。出现尴尬或冷场的局面时，主陪要能迅速有所反应，及时上前打圆场，消灭任何一个不和谐的音符。饭局上什么人都有，有喜欢挑事的，有开玩笑没分寸的，有喝醉酒闹事的……身为主陪，应该有规避风险的意识，随时保持警惕，稳住那些可能会搅局的人，尽量把可能发生的意外扼杀在摇篮中。如果真的发生什么不好的事，要及时出面制止，不让那些事情影响大家的兴致，破坏气氛。此外，主陪还得能按照东道主的心意去陪酒，不是说能喝就要多陪。有时候，主陪明明能喝，却要少陪，而有时候已经到了酒量，却还要继续硬着头皮陪。该怎么陪，该陪多少，主陪得能随时跟东道主保持交流。至于交流方式，可以通过眼神，也可以通过不被人察觉的手势或其他暗示。

主陪可以说是整个饭局上的灵魂人物，其分量不可谓不重。陪客如果选得好，东道主的目的可能就达成一半了。

说完了怎么选主陪，再来说说怎么选副陪。东道主之所以要选副陪，主要目的是让副陪配合主陪，把宾客们陪好。当主陪力不从心或考虑不周时，副陪要能及时出面，把事情做圆满了。因此，副陪的各方面能力可以比主陪略微逊色些，但也要基本符合上述几个要求。

第四节 点菜点酒的诀窍

精明的妻子都懂得"要想抓住丈夫的心，首先得抓住他的胃"这个道理。东道主宴客自然也要遵循此道，通过一桌符合客人心意的美酒佳肴来俘获他的心。

如果你是东道主，最好等客人到齐以后再点菜。主宾、领导或女士，是点菜人的首选。接下来，可以按座次或长幼顺序让相应的人来点。大多数情况下，客人只会象征性地点几个菜，剩下的交给请客人安排。如果客人都不想点菜，你也别太强求。如果你对点菜不擅长，可以请陪客帮忙，或者听听服务人员的推荐。

一桌好菜，不必要求每道菜都出彩，重要的是营养、口味、色彩与冷热等方面的搭配。具体的搭配要领如下：

1. 荤素搭配得当。点菜时要充分考虑鱼或海鲜、肉、蛋和蔬果的搭配，保证一桌菜有荤有素，营养均衡。通常情况下，荤菜与素菜的比例为2∶1。如果客人中多为素食者，可以适当调整上述比例。不过再怎么素，至少也要有两三道能撑住场面的硬菜。

2.利用诱人的色彩搭配来增进食欲。中国菜讲究色香味俱全，人们在评价一道菜时，也习惯把"色"这个标准排在第一位，这是因为食物的色彩会直接影响人的食欲。虽说每道菜的色彩搭配是厨师决定的，但一桌菜的色彩搭配，就要看点菜人的了。色彩丰富、搭配得宜的一桌菜，会让客人心情愉悦，胃口大开。

3.口味丰富，满足众人所需。口味上，菜品的选择包括甜的、咸的、辣的和清淡的等等。在点菜时，既要照顾大多数人的口味，也要考虑个别人的需求。

4.把握热菜和凉菜的数量。中餐通常热菜要多一些，凉菜的作用一般是开胃和下酒，不可或缺，但也不宜过多，一般两道或四道即可。

东道主点菜时，可以遵循以下几个要点：

1.点符合大众口味的。无法得知客人对菜品的喜好时，稳妥起见，我们在点菜时要考虑到年龄和性别等因素，争取符合大多数客人的口味。例如，客人里老年人居多时，就多点些清淡、精细、软嫩的菜；男客人居多时，就多点些荤菜和下酒菜；女客人居多时，就多点几道清淡和偏甜口的菜。

2.点几个"硬菜"以显示档次。所谓"硬菜"，一般指的是主菜，这些菜的价格要高一些，而且是客人们平时不常能吃到的。

3.点一两道特色菜。很多饭馆都有自己专属的特色菜，要么做法新奇，要么口味独特，而且一般都经食客们验证过，比较有口碑。所以点这种菜，大多不会出错。

4.掌握菜品数量，不能让客人不够吃，也不能太浪费。菜品的数量一定要保证是双数。至于具体要点几道，要看餐厅的菜量如何。通常点几道菜是按人数来计算的，平均每人一道热菜，每两人一道凉菜，再外加一道汤即可。

5.尽量别点特价菜。东道主瞄着特价菜来点，会让客人感觉受到轻视，以为他在你心目中只配吃特价菜，那就不好了。虽然节约是个好习惯，但也要看场合，不能让客人感觉你小气，看不起人。

6.有领导在场的情况下，应该先让领导点菜，以示尊重。有的领导比较随和，会让大家每人点一道。这时候，身为下属的你一定要记住，自己点的菜最好不要比领导点的贵。

7.要掌握好分寸。点菜前，要先问问大家有没有什么忌口的，这样既显得自己懂礼数，又能让大家感受到被照顾。

8.避免食材上的重复。如果有人已经点了一道鱼，那你点菜时，最好换一种别的食材。

点菜时必须考虑到客人的饮食习惯，不能触犯禁忌。关于饮食方面的禁忌，需要注意的有以下几方面：

1.宗教信仰的禁忌。佛教徒忌荤，基督教徒忌动物的血制品，穆斯林忌猪肉。在所有饮食禁忌中，宗教禁忌是最不容触犯的。如果你试图让一个穆斯林吃猪肉，那对他来说无异于挑衅，结果很可能是不欢而散。

2.民族、籍贯的禁忌。比如满族人忌讳狗肉，回族人忌讳动物的血制品等。

3.患病者的禁忌。比如糖尿病人忌高糖分的主食和水果，痛风病人忌高嘌呤食物和酒。

点酒一般是在菜品确定以后。最好让客人来点，以示尊重。客人点什么，你照做就是，别强人所难，比如人家要喝红酒，你非说要喝白的。如果客人推脱着不点，你也可以根据自己的了解和推测提供几个选择，让客人选。对于不喝酒的客人，不要勉强，可以参照上述做法，安排其他饮品。

酒水是饭局的重头之一。跟菜品一样，酒水也讲究搭配。酒水的搭配要考虑以下几点：

1.饭局是什么档次，酒水也应该是什么档次。饭局设在中低档酒店，点特别高档的酒，或者在高档饭局上点低档酒，都显得不够协调。当然，客人有特殊要求的情况除外。

2.什么菜配什么酒。酒菜不分家，酒菜搭配得好，吃喝起来才会更有滋味。例如，与鸡肉和鸭肉适配的酒是红酒，与螃蟹适配的酒是黄酒，与鱼类和海鲜适配的是竹叶青酒等。

3.什么季节适合喝什么酒。夏天气温高，容易上火，喝点冰镇啤酒，会让人感觉清凉舒适，而冬天寒冷干燥，喝点白酒有利于血液循环，让人感觉身上暖和。

第五节 怎样才算体贴、周到

筹备一场饭局，涉及的事情非常多。身为东道主，应该在宴请之前有一整套周密的计划，确保万无一失。从对方接受邀请开始，到饭局结束，客人安全回到家为止，其间的每个环节都应该考虑到，不能全指望到时候随机应变。

要想让客人感觉舒适愉快，东道主在待客时需要把握以下几个重点环节：

第一个重点环节，是客人初到时。东道主可以先跟客人寒暄一番，然后等客人把个人物品安置好，再请客人落座。初来乍到，客人可能会有点拘束，放不开。此时，身为东道主的你，可以问问客人来时路况怎么样，或者感谢他赏脸来赴宴。这些话虽没有太大的实际意义，但对于消除客人的陌生感和放松心情很有用。

第二个重点环节，是上菜前。通常在这个时候，客人会等待东道主的安排，很少主动说话。为了不冷场，东道主可以找点能活跃气氛的话题来聊，让客人进一步放松心情。即使有要紧事，也别急着在这时候开口。

　　第三个重点环节，是饭局中段。经过前两个环节的沟通，主客双方的距离会拉近许多，再加上酒菜的辅助，可聊的话题就更多了。就餐期间，东道主一定要眼观六路，耳听八方，尽量照顾到每位客人。

　　敬酒和聊天都要围绕着主宾进行，但也不能因此冷落了其他客人。敬酒时，要先敬所有人一杯。单独敬酒时，要从主宾开始敬，然后按照顺时针或逆时针的顺序逐一敬，不可跳过某人。聊天话题最好选择大家都能参与的，这样才能保证现场气氛热烈，不冷场。其间如果发生争论，东道主应该适时转移话题，避免破坏气氛。

　　根据客人的性格脾气来调节喝酒时的节奏。比如有的客人喜欢慢慢喝，东道主和陪客在敬酒时就应该放慢节奏，敬完一杯，吃点菜，聊会儿天，过一会儿再敬；有的客人喜欢速战速决的喝法，东道主和陪客在敬酒时就应该尽量采用豪气些的敬法，不要拖沓。有的客人喜欢热烈的场面，那就不妨为他营造出这种气氛。有的客人好静，那席间就不能吵吵闹闹的，让客人心烦。有的客人喜欢高谈阔论、大抒己见，遇到这种情况，东道主和陪客一定要配合，即便对客人所说的话题不感兴趣，也不要直接打断或反驳，最大程度地尊重客人。

　　始终保持平和、镇静的态度。东道主千万不能显露出紧张来，否则会让客人感到不安。有时席间难免出现一些意外状况，比如客人之间起了争执，或者有人醉酒闹事等，这时候，东道主不能大惊小怪，而应该引开其他宾客的注意力，然后低调处理。

在热情周到的同时，也要掌握分寸。东道主要时常留意哪位客人的酒杯空了，需要斟酒；哪位不能再喝了，需要换茶水或饮料；酒菜不够了，需要及时叫服务人员上酒加菜……诸如此类的细节，东道主都需面面俱到。当然，待客热情周到是必须的，但也要适可而止，不可过分地劝吃、劝喝或劝烟，否则过犹不及，反而让客人觉得不舒服。

第二章

做个优秀客人

第一节 以良好的心态去做客

作为社会的一员，每个人都不可避免地会遇到饭局邀约。赴宴之前，我们有必要先搞清楚饭局的性质，判断什么饭局值得参加，什么饭局不值得参加。我们认为某个饭局值得参加时，才能以良好的心态前去赴宴。如果我们认为某个饭局不值得参加，那不如干脆拒绝，免得心不甘情不愿地去，让自己和请客的人都难受。

明确了这一点后，我们就来看看哪些饭局值得参加，哪些不值得参加。

什么样的饭局值得参加呢？

1.能拓展你人脉的饭局。人人都需要机遇，一次好的机遇甚至能彻底扭转你的人生。人们常说机会是可遇不可求的，这话不无道理，但如果我们信了这话，只等着天上掉馅饼，那怎么行呢？其实只要留心，身边处处有机会。比如，饭局这个特殊的人际交往场合，就潜藏着无数的机会。很多社交达人都善于利用饭局来维系和拓展人脉。旧有的人脉需要维系，新的人脉需要打通。在饭局和谐的氛围中，你可以与他人从陌生到熟悉再到亲密。在饭桌上把关系处好了，剩下的事都好说。

2. 能让你的人际交往更为顺畅的饭局。如果你是职场新人，或者刚进入一个新单位，需要尽快跟同事打成一片，以便顺利适应新环境的话，多参加一些同事们的饭局，就是个不错的选择。当然了，如果你有意请客的话，那也很好。除了结识新朋友的饭局要多参加以外，我们也不能忽视了老朋友邀请你参加的饭局。朋友关系是需要维护的，人家叫你一起吃饭，你总推托的话，可能关系就慢慢疏远了。

3. 能让你得到前辈点拨的饭局。一些职场前辈的阅历和经验非常丰富，有这种人参加的饭局，职场新人最好能多参加。如果前辈心情好，对你稍加点拨，你就可能少走许多弯路，受益匪浅。这种机会也许是别人花钱都买不来的。

4. 如果你是领导，不妨偶尔参加一些下属们的饭局。通过吃饭喝酒，身为领导的你可以看到下属工作以外的样子，对他们有更深入的了解，还可以在比较放松的环境中跟他们拉近距离。在下属眼中，领导往往是比较严肃，高高在上的。虽然这有利于威信的树立，但从另一个角度来看，高高在上也意味着疏远，这对上下级之间的沟通是不利的。下属更喜欢有人情味的领导，而有人情味和有威严，二者并不冲突。所以，领导不妨偶尔跟下属们一起吃吃饭，谈谈工作以外的事，增进对彼此的了解，让这个集体更有凝聚力，从而更好地推动企业或单位的发展。

5. 能够帮助你与他人消除误会或矛盾的饭局。在人际交往中，我们难免会与他人产生矛盾或误会。如果你想跟或者不得不跟对方继续相处下去，矛盾和误会就要及时消除，否则有它横亘在你们之间，谁都不好过。如果与你有误会或矛盾的人可能想通过请你吃饭来澄清误会，或消除矛盾，这种饭局最好去参加。双方一起吃个饭，喝点酒，趁机表明心意，解开心里的疙瘩，不愉快的事很容易就烟消云散了。还有一种情况，是某个中间人出于善意想为你与他人调停，请你吃饭。这种饭局，我们不妨也去参加，而且在答应邀请时，最好不要问与我们有矛盾的那个人答没答应。你先答应，是有风度的表现。即便那个人拒绝了，中间人也会认为是那个人不懂事或者不给面子，而不会责怪你什么。如果那个人也答应了，那么说明他也有意与你冰释前嫌。在饭局的觥筹交错间，不管是主动道歉的一方，还是接受道歉的一方，都不会觉得尴尬，再加上中间人的调停或撮合，场面就更和谐了。

哪些饭局不值得参加呢？

1.参加饭局的人有很大一部分是你不熟悉或者不认识的。参加这种饭局，你得花费特别多的精力去了解别人，有可能了解了，才发现都是一些无聊的人。如果你不擅长交际的话，去了以后可能更难受，因为身边有一多半是陌生人，跟每个人都不知道该说什么才好。

2.有品行不好的人在场的饭局。这里所指的品行，也包括酒品在内。对于品行不好的人，我们可能连平时走路遇见都要绕开，自然不想跟他坐在同一张桌上吃饭喝酒。酒品不好的人，比如喜欢耍酒疯的，或者自己不喝，专门捉弄别人喝的，等等，跟他们一起喝酒，你心里总得防范着，很难高兴得起来，这种酒喝得压抑，没意思，不如不去。

3.临时拉你去凑数的饭局。这种饭局，你即使去了也不会受到尊重，搞不好还如坐针毡。那么难受，还不如不去。不过也有例外的情况，比如至亲好友的饭局，或者不能得罪的上级领导或者重要客户邀请你。前者因为关系足够密切，所以无所谓凑不凑数，能一起聚聚蛮好的。后者是为了工作，既然不能得罪，何不答应下来？也许去了以后会有意外收获。

第二节 主宾、主宾方的陪客以及凑局者分别要注意什么

参加饭局时，每个客人都应该清楚自己的角色定位。饭局不同，角色定位也不尽相同。只有知道自己是来干吗的，才能做好本分，达成目的。搞不清楚身份，不该你干的事你偏抢着干，不分主次，端起酒杯一通乱喝，这就犯了饭局大忌，不但讨不到好，还可能遭人嫌恶。

除了要搞清楚自己的角色，还要搞清别人的角色。搞清楚自己的角色，是为了找准定位，以免站错队。搞清楚别人的角色，是为了与别人交流时有分寸。喝酒时哪个人该敬，哪个人不用敬，敬的话应该敬多少？对于这些问题，应该做到心中有数。

总的来说，饭局上的角色主要分为宾主双方。人数少时，可能只有宾主二人。人数多时，东道主一方除了东道主本人以外，还包括陪客和凑局者。主宾一方的人员配置也大致如此。

关于东道主和东道主一方的陪客该怎么做，我们会在其他章节中详细

叙述。在这里，我们重点来说说主宾、主宾一方的陪客以及凑局者该怎么做。

先说主宾。主宾是东道主宴请的主要对象，有时东道主是想求主宾办事，有时是想通过主宾得到某种资源，或者达成合作。正因如此，身为主宾，你可以适当拿出些派头来。如果你拒酒，所有人都不会强求你的，毕竟你掌握着话语权，包括东道主在内的所有人都要以你的喜好为最高指示，力求让你满意。不过，如果你能放下架子，平易近人，会赢得更多的好感和尊重。

再来说说主宾一方的陪客。跟随主宾一同赴宴的客人，地位通常比主宾要低，而且也不是东道主宴请的主要对象。不过既然能陪同主宾一同出席，自然是有用武之地的。主宾带来的陪客，当然要向着主宾说话，必要的时候还要帮主宾挡挡酒，其余时间则应该尽量保持低调，不能抢了主宾的风头。

最后来说说凑局者。有时饭局上人太少会显得冷清，所以常常会带几个初出茅庐的新人一起参加，算是让他们开开眼界，长长见识。带凑局者的，可以是东道主，也可以是主宾。

东道主带来的凑局者，要有甘当"跑腿小弟"的觉悟。进屋后，主动坐在门口的菜道附近，勤给客人们端茶、倒水、催催酒菜之类的。这活儿很累，而且不纯粹是体力活，还考验一个人的眼力见儿。想把这活儿干好也不容易。如果你能胜任这样的角色，就容易得到亲友的赞赏和领导的肯定。

主宾带来的凑局者，要多听、多看、多学，少说话，对自己的酒量要心中有数，该奉陪时奉陪，但绝不能喝醉。如果摸不准，宁可一直默默坐着吃，也决不可抢风头。

　　不管是哪边带去的凑局者，都一定要搞清楚谁是主角。如果没弄清楚状况，不小心抢了东道主或主宾的风头，不但不礼貌，还惹人讨厌。想搞清楚谁是主角很简单，上桌后，先别急着说话，留心观察东道主的举动，听他说话。用不了多久，你就能摸清其中的门道了。分清在场所有人的主次关系后，你还要摸清饭局的主题是什么，最后要做的就是在整个过程中尽量围绕主题去说话做事。

第三节 切忌喧宾夺主

饭局上需要有人出面帮东道主周全琐事，调节气氛。聪明人在帮忙时总是不忘突出东道主和主宾，自己则把握分寸，从不抢占风头。糊涂人却往往忘了自己的本分，总干喧宾夺主的事，结果惹得东道主不悦，在宾客那里也讨不到什么好。

下面就介绍几种典型的喧宾夺主的表现，给大家提个醒：

1. 替东道主给客人安排座位。饭局上的座次顺序，东道主心里都是有安排的，即便东道主没有安排，也有约定俗成的规矩可遵守。除了东道主和他（她）安排的人以外，别人是不方便乱指点的。对于这种事，很多人是不愿意插手的，但却偏有人喜欢揽下这事，连客人的身份都没搞清楚，就告诉这个人坐这儿，那个人坐那儿。有的客人觉得安排得不合理，不好意思坐，那个好事的人也不看人家脸色，生拉硬拽地把人家往座位上摁。光是想想那场面，就知道有多尴尬了。客人被强行安排在不合适的位置上，恐怕全程都会感到别扭。

2.替东道主点酒菜。如果饭局上都是比较熟悉的人，谁早到了，可以先点几个喜欢吃的菜，这种情况一般谁都不会在意。如果是比较正式的场合，或者有不熟悉的人在场，点酒菜的事还是交给东道主来安排为好。即使东道主把这个任务交给了你，你也要悄悄打听一下东道主的预算和预期的档次，还要问问大家的口味，才好去点。上述情况统统都不过问，就擅自做主，替东道主把酒菜都安排好，这就是典型的喧宾夺主。要是超出了预算，东道主会很为难，要是不合客人的口味，东道主这顿饭不就白请了吗？所以，这种看似热心的举动不仅帮不上忙，还会帮了倒忙。

3.替别人说开场白。酒菜上齐，开始敬酒前，有个说开场白的环节。对于一场饭局来说，开场白具有点明主题、铺垫气氛的重要意义。一般除了东道主、东道主安排的人或场上身份最尊的人以外，别人是不可以抢先说开场白的。很多时候，有说开场白资格的人不止一个，大家通常会互相谦让推辞一番，然后由其中一人出面来说。这时候，要是有个普通的作陪者跳出来，端起酒杯，替人家说起开场白，场上的人一定面面相觑，心想：这人是干吗的？有他什么事儿呀？

4.敬酒时抢东道主和主宾的风头。敬酒这个环节，东道主一般都有安排，自己能上的自己就上了，酒量不行，事先也会安排好人来替自己敬酒、挡酒。东道主没有给你安排这个任务的话，你随着大家的节奏喝就是了，顶多在气氛达到高潮时敬一轮，也就够了。要是频频起来敬酒，打乱东道主的安排，那就纯属添乱了。

5.为了出风头而抢着买单。该由谁买单，饭前大家一般都有共识了。买单这件事，里面的门道很多。有时候，抢着买单不但不受欢迎，反而容易惹人不高兴，所以要据情况来判断自己该不该买单。即便你有心替人买单，也该低调些，不能让原本打算买单的人面上不好看。有的人就喜欢借着买单这件事出风头，还没等结束，就咋咋呼呼地喊来服务员买单，还要借此机会大肆炫耀自己的"能耐"。东道主上前阻止，他还跟人撕扯，弄得人家很是难堪。这种举动不但会招来东道主的责怪，别的客人也会嗤之以鼻。

第四节 不可挑剔、斤斤计较

常言道："十事九不周，慎勿多苛求。"身为客人，我们应该体谅东道主，人家请客吃饭，要张罗的事非常多，有时候难免顾及不到，有不周之处。既然给人家面子来赴宴了，就该以包容之心去看待那些不周到的地方。对于其他客人，我们也应该抱以同样的态度。要是挑这挑那，给东道主添堵不说，也不受其他客人待见。

在饭局上过于挑剔、斤斤计较的具体表现如下：

1. 因别人叫错了自己的名字或职务而挑理。饭局上经常会遇到一些陌生人，大家彼此不熟悉，要通过自我介绍或他人介绍才能相识。陌生人之间互相了解，总要有一个过程。在这个过程中，不小心叫错了名字，或者记错了职务，这都情有可原，犯不着抓着不放。有的人却把这种事看得很重，非得较真，当面纠正不算，还得冷嘲热讽几句，弄得大家都下不来台。

2. 计较座次或敬酒顺序。在饭局上，有的人特别在意自己的座次，要是觉得安排得有问题，马上就会露出一脸不情愿。被他这么一闹，场上的人心里难免都别别扭扭的。敬酒时也是，如果别人的敬酒顺序不对，这种人就说话带刺儿，或者干脆连酒杯都不拿起来，一点面子都不给。这种人无非是想得到尊重，要面子，他的需求并不是不合理，但缺少包容心。饭局上人多事杂，对于一些无心的小错漏，还是别放在心上为好，否则把场面搞砸了，让别人没了面子，自己又能好过到哪儿去呢？

3. 责怪档次不够或饭菜口味差。有的人非常看重档次，要是饭局安排在档次不够的地方，就认为东道主不够尊重，或看不起自己。其实站在东道主的角度来想，既然他有心请客，当然是希望事情越圆满越好，所以请客的档次和地点，他不可能不考虑到。也许东道主只是对你不够了解，或者是想照顾大多数人，才做了这个决定。正所谓"既来之，则安之"，既然有心赴约，不妨按下心里的不满，客随主便吧！同样的道理，如果饭菜不合口味，也不要出言责怪。试想一下，如果饭菜不合口味，或者非常糟糕，有个客人评价了几句，结果引起共鸣，大家纷纷吐槽这家饭菜不好吃，继而聊起哪家饭菜口味好，或者环境和服务好……结果会怎样？东道主肯定特别难堪，饭局的气氛也变了味。当第一个挑起话题的客人意识到情况不对时，可能已经无法挽回局面了。因此，当你对餐馆的饭菜、环境或服务不够满意时，千万别表露出来。如果别人提出批评，你也不要随声附和。如果有人询问你的意见，你可以回复："我觉得还好吧！"总之，我们要明白一点：东道主请客是出自好意，就算有什么不够周到的，我们也该多包容，多体谅，而不是挑三拣四，让人家的一番好意付之东流。

4. 挑剔陪客身份不对等。饭局上的陪酒者，往往讲究身份对等。东道主这边的陪客，总要跟主宾的身份相当，才有陪酒的"资格"。不过有时候，东道主并不是不知道或不想安排身份对等的陪客，只是碍于某些原因，没办法做到这一点。遇到这种情况，有的客人不高兴了，当面就指出来，喝酒时也很不给面子，好像跟对方喝酒会"有失身份"似的，搞得东道主和陪客很是难堪，一场饭局就这么不欢而散。交际高手在遇到这种情况时就不会那么干，他们心里虽不高兴，但面上却不表露出来，既顾全对方的面子，也展现了自己的风度。

处处挑理，斤斤计较，这种人在饭局上是很不得人心的。很多时候，别人并不是成心的，一定是有难处，才做得不够妥当。大家聚在一起，能够以诚相待才是最重要的，至于其他，都属于细枝末节，没什么可挑剔的。

○ ○ ○ ○ ○

第三章

饭局礼仪

第一节 仪表恰当，遵守时间

中国人是注重礼数的，这不是为了讨好他人，而是通过以礼相待的行为，使人与人之间的交往更为和谐顺畅。在社交场合讲究礼数，发自内心地尊重他人，不仅能体现你的个人修养，还能为你带来好人缘。应邀赴宴时，仪表着装得体和抵达时间适当这些礼数，都能反映出客人对主人的尊重。不仅如此，它们还能在很大程度上决定别人对你的第一印象。想要在初见的短暂时间里给人留下一个好印象，仪表着装等方面一定不能忽视。

关于赴宴时的仪表。赴宴前，男士应打理一下须发，女士除了要打理发型外，应该适当化个妆，因为餐厅里的灯光通常都比较亮，如果不化妆，光打在脸上会显得面容憔悴，即便衣着整洁，也会显得不相称。

关于赴宴时的着装。在人际交往中，穿着打扮充当着门面的作用。很多人都习惯通过别人的穿着打扮来获取信息，做出某些判断。赴宴时的着装至少要符合以下几点要求：

1. 整洁。着装是你个人形象的体现，整洁和邋遢给人的感觉天差地别。

2.大方得体，符合具体场合的需要。参加宴会的规则中，有一项"TPO原则"，即 time、place、object，就是说，赴宴的着装要因时间、地点和目的不同而有所变化。隆重的场合要认真打扮，普通场合则可简单随意些，不期望成为众人的焦点，只要中规中矩，不让别人看着别扭就可以。

3.讲究整体搭配。赴宴着装不只包括衣服鞋袜，还包括一些配饰，如男人戴的手表，女人戴的首饰和拎的包包等。赴宴服装要讲究整体上的搭配，上述配饰也要与服装相配。配饰的数量不宜多，能起到画龙点睛的作用最好。

最后我们来说说关于赴宴时间的礼数。人们常说"时间就是生命""时间就是金钱"，可见人们对于时间的重视程度。在人际交往中，守时意味着守信，守信的人往往更容易得到他人的接纳和认可。因此，客人受邀赴宴，一定要守时，不能让人家久候不至，耽误了开席时间。不过，赴宴的时间也不能太早，那样会打乱东道主的安排，让人家手忙脚乱地招待你。合适的赴宴时间是正点到达，或比约定时间提早几分钟。

第二节 为他人做介绍的规矩

饭局上经常会有互不相识的人，这就需要有一位介绍人来穿针引线，让大家互相认识，为接下来的相处做铺垫。否则彼此不相识，上了桌以后该怎么敬酒，怎么说话，心里都没数，相当于吃了顿糊涂饭，喝了顿糊涂酒。

介绍人谁来当比较适合呢？介绍人可以是东道主，也可以是与双方都比较熟悉的人。

为他人做介绍时，怎样做才符合礼仪呢？

1.介绍的顺序。通常遵循"尊者居后"的规则。比如双方职位高低有差别时，要把职位低的一方介绍给职位高的那方。如果一方是团队，另一方是个人，要把个人介绍给团队。双方都是团队时，一般只着重介绍两边的带队者或职位较高者，其他随行人员只做笼统介绍。如果上述各种情况之间有冲突，以职位高低为优先原则。

2.介绍的姿势。介绍人不能坐着为双方做介绍，而是应该起身站到被介绍的双方中间。介绍时，应该伸出一只手朝向被介绍者，同时面带微笑，向另一方说出介绍语。介绍人的态度一定要诚恳，可以适当幽默，但总体上应该保持庄重。

3.介绍语的讲究。介绍语不能太啰唆，应该简明扼要，寥寥几句就勾勒出被介绍者的特点，让另一方记住这个人，方便双方接下来进行交流。介绍语在措辞上要讲究庄重和礼貌。另外在介绍时，可视场合适当抬高被介绍者的身份。在为他人做介绍时，可以把双方或某一方的身份抬高些。这样做是出于善意，一来照顾被介绍者的面子，二来使双方身份对等，以免因为身份相差太悬殊，一方轻视另一方，另一方自觉身份太低，心情紧张，举止拘束。需要注意的是，抬高被介绍者身份这一招，只能在比较正式的，或者纯粹应酬的饭局上用。因为在上述场合，身份不过是一种便于记忆的符号，饭局一散，大家可能都把场上的人抛到脑后了，根本不会去深究什么身份。如果是大家比较熟悉，或者攀交情的场合，最好不要轻易抬高被介绍者的身份，否则遇到爱刨根问底或者开口求帮忙的人，给被介绍者带来麻烦，那就不好了。

4.介绍的次数。来参加饭局的人总有先来后到，还有人开席后才来，所以很多时候，介绍人可能要为同一个或者同一拨人多次做介绍。通常在客人进门后、开席前、开席后，这几个环节都要做介绍。

为他人做介绍时，还应该注意几个问题，比如：

1.介绍时不能多条线同时进行，也不能这边介绍了一半，忽然转向别人。

2.介绍人要对被介绍者的身份非常熟悉。如果没有绝对的把握，可以把介绍的工作转交给熟悉情况的人，以免自己报错姓名或身份，造成尴尬。对于不想透露身份的被介绍人，介绍人要为其考虑，在介绍时简单含糊地一带而过。如果有人想探究身份，就让他自己去沟通。

3. 要对被介绍的双方一视同仁，不能"看人下菜碟"。比如用只言片语来介绍职位低的一方，轮到职位高的一方时，介绍起来没完没了，极力吹捧；介绍女士，尤其是把单身女士介绍给男士时，一定要注重女士的隐私，不能透露她的年龄和住址等信息，以免给她带来麻烦；如果被介绍的双方都很内向，不知道说什么好，介绍人应该及时为双方解围；如果有人主动要求介绍人把某人介绍给他，介绍人不可擅自做主，而应该先征得那个人的同意，然后再为双方做介绍。

4. 要让被介绍的双方有心理准备。在介绍前，介绍人应该先跟双方打个招呼，比如说："请允许我为你们介绍一下"或者"我来为二位做个介绍，好吗？"这样一来显得有礼貌，二来也能使被介绍的双方都有思想准备，不会感到太突兀。

第三节 打招呼和寒暄

　　打招呼是社交场合上的一项基本礼节，看似简单，实则不然。打招呼的距离、谁先开口、该以什么姿态介绍、该怎样称呼对方、说什么合适等，这些都是有讲究的。

　　1. 打招呼的距离。打招呼时，与对方相隔三到四步远，保证对方能听到你说话，这就可以了。如果大老远就冲着人家喊："×××，好久不见啊！"边说还边伸出手去，未免有失稳重，太夸张了。此外，离得太远，别人很可能认不出你来，或者毫无准备，那多尴尬。

　　2. 谁先开口。有长辈或前辈在场，后辈应该主动打招呼；上下级之间，下属应主动；对方是女士，男士应主动。该你主动的时候，不要因害羞而失礼。

　　3. 打招呼的姿态。打招呼时，应该面带微笑，态度亲切自然，眼睛注视着对方，主动上前握手或点头致意。切不可嘴里叼着烟或嚼着口香糖，一副漫不经心的样子，那就太敷衍，也太失礼了。

4.怎样称呼对方。一般在平时生活中你怎样称呼对方，打招呼的时候就怎么称呼。此外，你也可以用对方的职位来称呼，或者在姓氏后面加个"哥"或"姐"字，就算对方比你大很多，这样称呼也没关系，说不定对方还会因为自己很显年轻，心里更高兴呢。

5.打招呼时该说些什么。打招呼最常说的无非就是"你好""久仰""很高兴认识你"之类的。如果你跟对方比较熟悉，也可以询问一下他的近况如何。

与人寒暄的目的主要有三个：一是向对方传递善意，二是表示尊重，三是为接下来的交流做铺垫。传递善意，是指用一些问候语来表达对他人的亲近或关心，比如说："很高兴见到您！""最近好吗？"表示尊重，是指以符合他人文化习惯的握手、行礼或问候等方式，表达对他人的接纳和尊重。两个人之间通过寒暄拉近距离，接下来的交流会更顺利，更愉快。

与人寒暄时，要以恰当的方式称呼对方，以充分体现友好和尊重。你所用的称呼，应该合乎当地的习俗或常规，尊重传统礼仪的规定。

称呼他人的方式主要有以下几种：

1.以对方的姓氏＋职业／职务为称呼，如李教练、张总、赵老师等。

2.以对方的姓氏＋职称为称呼，如孙总工、周教授等。这类称呼，主要是为了凸显对他人专业技术的尊重和重视。

3.以对方的姓氏＋先生／小姐／女士等为称呼。这种称呼方式适用于只知对方姓氏或名字，对其他信息一无所知的情况。

4.直呼全名。比较熟悉或亲近的人之间，还是直呼名字或者叫小名更合适，称呼上太严肃了，反而显得生疏。

在饭局上会认识一些新朋友，对于初次见面的人来说，怎样跟他寒暄非常重要，因为你给他留下的第一印象往往就出自这次寒暄。很多时候，我们对这些人的情况一无所知，这无疑增加了寒暄的难度。没关系，只要你的寒暄亲切、贴心，相信你们之间的陌生感和距离感很快就能消除。

与陌生人寒暄，主要有三种方式：

1.表达问候。和陌生人初次见面不知道该说什么，这个问题很好解决，因为有一种虽然保守，但绝对不会出问题的寒暄方式，那就是问候。说一句"您好！""很高兴认识您！"保证不会出错。这种问候式的寒暄，优点是稳妥，缺点是太过平庸，不容易给人留下深刻印象。毕竟这样说话的人太多了，有时候一场酒局就会认识一大堆，会让说话者泯于众人。

2.表达仰慕之情。比如热情洋溢地跟对方说："久仰大名！能在这里认识你是我的荣幸！""原来您就是著名的×××，失敬失敬！我有幸拜读过您的大作，真是受益匪浅！"这种寒暄方式的优点是能表现出你的热情，给人留下深刻印象，缺点是分寸不好把握，一不留神仰慕就成了拍马屁，对方不但不领情，还会对你心生厌恶。

3.攀交情。两个人既然能坐到一张饭桌上吃饭，一定存在着某种交集。你们之间的交集，可能是一位共同的朋友、一个共同参与过的项目、相同的籍贯、念过同一所大学等。你完全可以借此攀谈，跟他说："你是

××× 朋友？我跟他也是朋友。""一听你的口音就是东北人，巧了，我也是。""你是 ×× 大学的吧？我也是那里毕业的。你是哪一届的？"这种寒暄方式能很快拉近双方的关系，因为共同点的存在，接下来你们之间可聊的话自然就多了。

寒暄只是饭局交际的热身环节，这个环节做得好，接下来你与他人之间的交往才能更顺利。寒暄时的态度可以稳重，可以热情，也可以活泼，这取决于你想给对方留下怎样的印象。寒暄时的姿态不宜过低，否则寒暄就成了谄媚，也不宜过高，否则会显得傲慢无礼，正确的态度是恰如其分、不卑不亢、有礼有节。寒暄过后，如果对方想跟你继续交谈，应该尽量满足对方；如果对方没有继续交谈下去的意愿，你就该及时打住。想跟人家深入交流，饭局上有的是机会，没必要急于一时。

第四节 座次礼仪

在安排饭局时，你是否为不知如何安排座次而感到苦恼？或者因为安排错座次而遭客人挑理，认为你不懂礼数？这就带大家了解一下饭局座次怎么安排才更合乎礼仪，让宾主双方更满意。

安排座次时，首先应该符合以下三点要求：

1. 符合礼仪规格。安排座次时，首先要考虑东道主和客人们的身份职位、年龄和性别。一般的规则是：身份职位高者、年长者和女性居上位。

2. 遵从当地的风俗习惯。由于我国幅员辽阔，各地的风俗习惯常有不同之处，如果你到了一个陌生的地方，在安排饭局座次时，一定要入乡随俗。如果不清楚当地的习俗，最简单的办法就是询问饭店的负责人或服务人员，他们经常招待客人，对当地的礼节一定非常熟悉。

3. 方便在就餐期间陪伴和服务客人。邀请的客人比较多时，东道主一般也会相应安排好几位陪客。这时候，陪客不能都挤在一块儿坐，而应该穿插在客人中间，方便照顾左右两边的客人。

　　安排座次时，所有人的座位都要以主位为中心来进行安排，因此，我们一定要首先确定主位在哪儿。现在的饭店通常都是圆桌，所以我们下面就以圆桌为例来进行说明。在正式宴席中，主位通常是正对着门口、正中央的位置。如果无法通过门来确定主位，可以观察房间的装饰，比如有的饭店在主位的背后设有屏风，有的饭店主位的座椅和其他座椅有明显的区别等。另外，还可以通过餐具的摆放来确定主位，比如有的饭店会把主位的餐巾折叠出特殊的造型，只要你稍微细心点，一眼就能看出哪里是主位。如果上述标记都没有，那么可以选择靠窗、靠墙或视野最好的位置当主位，总之，让坐在主位的人感觉舒适、安心就对了。

　　确定了主位，接下来的问题就是：谁坐主位？可能有的人会说：这个简单，谁请客，谁就坐主位呗！通常情况是这样的，不过也有特殊情况。如果东道主与主客年龄相仿，地位相当，那么东道主坐主位，主宾坐在东道主右侧。如果主客比东道主年长，或者职位更高，应该请年长者或职位高者坐主位，东道主坐在主客的左侧或右侧。

　　说完了主位，再来说说其他座次怎么安排。一般来说，主位的右侧是主客位，左侧是副客位。按照我国的传统礼仪，宴席座次是"面门为尊"。从历史渊源的角度来说，让客人面对着门坐，主要是为了安客人的心。客人能随时看到门口的状况，也就不至于在吃饭喝酒时心思不定，担心发生意外状况，自己来不及应对。只有卸下防备，客人才能畅谈畅饮。其他座次一般按辈分或年龄由高到低，从主位向门口方向排列。辈分越高或年龄越大，距离主位越近。与主位相对，且最靠近门口的位置，一般是给为饭局服务的人坐的。坐在那里的一般是辈分或年龄小的东道主，或东道主请来为饭局服务的陪客。末座是不能安排给女士坐的，这一点要注意。

如果客人很多，要分好几桌，桌与桌之间也要区分主次。主桌一般是面向门口的、居中的。至于其他桌，一般是距离主桌越近的越重要。每桌的座次，也要遵从上面所说的规矩。

了解了座次的规矩，当你身为客人前去赴宴，在入座时就要遵守礼数，别坏了规矩。如果你是客人，那么在入座时，应该遵循客随主便的原则，东道主安排你坐哪儿，你就坐哪儿。《礼记》有云："礼从宜，使从俗。"意思是说，行事要讲究适当的礼数，客人到了主人的地方，就应该尊重主人的安排，也就是我们常说的客随主便。在人际交往中，客随主便这条原则能使主客双方有一个共同认可的行为标准，避免无序和混乱的情况发生。如果你是跟一群人一同赴宴的，那么即便主人安排你坐上座，你也该做出谦让的姿态，把上座让给比你年长或职位更高的人。主位通常都是给东道主或主宾坐的，如果你不是身份超过东道主的主宾，就不要贸然坐上去。

第五节　吃相礼仪

常言道："站有站相，坐有坐相。"同样，我们在吃饭时也要注意吃相，因为吃相能在很大程度上体现出个人修养。你在品菜的同时，别人可能在品你。一个人的吃相会直接影响别人对其的印象。要想给别人留下良好的印象，一定要注意自己的吃相。

那么在饭局上，我们都要在哪些方面注意吃相呢？

1. 要知道自己何时才能动筷。客人都落座后，东道主一般会说一小段开场白。这时候，客人们应该仔细听，不要看酒菜上齐了，就急着夹菜。东道主说完开场白，会端起酒杯敬酒。等这杯酒喝过以后，客人才能动筷。除了东道主或主宾以外，其他客人最好不要成为第一个动筷的人。

2. 该怎么夹菜？想吃哪道菜，要等它转到自己面前时再夹，不要起身隔着好几个盘子去夹远处的菜，也不要为了吃某道菜而不顾别人，随意转桌。别的客人也去夹你想吃的那道菜时，最好让他先夹，以免两个人的胳膊或筷子相撞。一桌子菜，总有你爱吃的和不爱吃的。即便你再爱吃，也要考虑到别人，不能不管不顾，一直往自己的盘子里夹。夹菜时，动作要稳、准、快，同时要注意，不能夹太多，以免中途掉落。如果不小心，菜掉落在桌上，恰当的做法是用筷子夹起来，放在专门盛放残渣的盘子里，再用纸巾把桌面清理一下。

3. 不能只顾着自己吃，要照顾一下旁人。在吃菜时，应该留心长辈或领导爱吃什么。必要时，帮这些人转转桌子，便于他们吃到自己爱吃的菜，这样才显得你很懂事，有眼色。不过要注意，帮忙转桌子就可以了，别给人家夹菜。

4. 有人给你夹菜时，要礼貌回复。有人可能出于好意给你夹菜，如果你不喜欢吃，也不要生硬地拒绝，比如说："我不喜欢吃这个，别给我夹了。"恰当的做法是，装装样子吃一小口，然后放在盘子里，如果实在难以下咽，就直接放在盘子里。再有人给你夹菜，你可以礼貌地回复说："谢谢，我已经吃了很多，吃不下了。"

5. 怎么喝汤？喝汤时，一次不要舀太多。汤匙应该贴着唇边，小口轻啜，不要把汤匙的一大段都送进嘴里去，也不要发出很大的声音。

6. 不要挑三拣四，浪费食物。因为吃饭时挑三拣四而遭到嫌恶，从而影响前途的事情，在历史上是真实发生过的：

　　一位远亲前来投奔曾国藩。这人虽衣着朴素，但颇有学识，见到曾国藩以后，表示想追随左右，不求大富大贵，能有口饭吃就行。为了招待这位老乡，曾国藩摆了一桌酒菜。一顿饭吃下来，曾国藩只送了些银两，把那人打发走了。后来在一封家书中，曾国藩写了这样一段话："某家赤贫，且初作客，去秕而食，宁其素耶！吾恐其见异思迁，故遣之。"

原来那位老乡声称自己家境贫寒，经常吃不饱饭，但在曾国藩请他吃饭时，他却嫌弃米饭粗糙，在谈话期间逐一挑出饭里的瘪谷和米糠。一个长久生活在贫困当中的人，才刚能吃上饱饭，就开始挑三拣四。曾国藩据此认为这人将来会见异思迁，不堪重用。

关于这件事后来的发展，有两种说法：一种是这个人委托别人说情，曾国藩勉强留下了他，但并未重用，只是让他看菜园子。另一种说法是这个人深感后悔，此后行事处处小心，去世前的官位做到了布政使。如果我们采信后一种说法的话，看得出这个人还是有才能的。如果真有才能，却因吃相不雅而使人感觉你不堪重用，那就太可惜了。由此可见，一个人的吃相有多么重要。正所谓"饭局千古事，得失寸唇间"。吃相不雅会影响个人的前途和发展，这种说法并不是危言耸听。

第六节 言行细节问题

如果你是个性格外向、不拘小节的人，那么到了饭局上，你一定要有所节制，不能太过随意。不可否认，一定程度的豪放能让别人跟你相处起来更轻松，但如果豪放过度了，就容易让人对你产生质疑，觉得你举止轻浮，不可信任。在饭局上，一些细节上的礼仪不容忽视，比如：

1. 说话时不能用筷子指着别人。在饭局上想跟人说话时，最好先把筷子放下来。要是一边拿着筷子，一边说话，筷子的尖端容易指向别人，这样很不礼貌，也容易让人觉得你有指责之意。

2. 不要当众打哈欠。当你跟别人谈话，或者桌上的其他客人在谈话，而你感到疲倦，突然想打哈欠，请注意，这个时候你一定要忍住。打哈欠这个动作传达给别人的信息是：你感到不耐烦了。换位思考一下，当你正在兴致勃勃地说话时，别人在你面前打了个哈欠，你是什么感觉？肯定很扫兴，或者觉得对方根本不把你放在眼里，是不是？因此，设身处地，当众打哈欠这个小动作还是避免为好，否则不管你之前怎么注意自身形象，这个小动作都会出卖你，让人觉得你是个自私、虚伪的人。

3. 不要当众抖腿。有的人喜欢在坐着的时候抖腿。当事人可能怡然自得，不以为意，但这个动作会扰乱别人的视线，使人感到不安。喜欢在众人面前抖腿的人，就算再怎么仪表非凡、着装得体，也会让人感觉吊儿郎当的。

4. 不要当众掏耳朵、挖鼻孔、挠头皮。这些小动作可能让当事人觉得舒服，但却让他人觉得倒胃口。所以，即便你跟客人再熟悉，也要有所收敛，尽量保持优雅，实在忍不了的话，可以暂时离席，找个没人的地方去处理。

5. 不要频繁看表。频繁看表会让人误以为你不耐烦，或者急着走。

6. 不能当众吸烟。在饭局这种公众场合，决不能在客人面前吸烟。如果桌上有孕妇或孩子，就更不可以了。想吸的话，可以去吸烟区。

7. 不要对服务员呼来喝去。虽然有"顾客就是上帝"的说法，但对服务员呼来喝去，颐指气使，会让别人觉得你很没素质，对你的印象大打折扣。人与人之间应该互相尊重，所以跟服务员说话时，多用"请""您""谢谢"这样的文明用语，要是服务员有什么不当之处，我们也要保持礼貌，不能得理不饶人。

第四章

喝酒的规矩和技巧

第一节　祝酒词怎么说

当大家欢聚一堂时，免不了要以酒助兴，从而增进对彼此的了解，加深感情，使现场的气氛更热烈。在喝酒之际，若能来上一段好的祝酒词，一定会让人耳目一新，对你顿时好感倍增。

以桌上的菜肴为题来说一番祝酒词，是一种很讨巧的祝酒方式。因为这既能让东道主觉得自己安排的菜寓意非凡，从而心情愉悦，又能让在场的客人带着美好的祝愿喝下你敬的酒。很多主菜或硬菜都可以作为祝酒词的由头，比如："吃鸡头，独占鳌头；吃鸡脖，节节高升；吃鸡胸，胸怀大志；吃鸡背，背负青天；吃鸡腿，步步登高；吃鸡爪，大步向前。我提议在场的所有人共饮此杯，并祝大家今后百尺竿头，更进一步！"

在祝酒时，引用一些名人名言或诗词歌赋，能在很大程度上为你的祝酒词增色。经典语句即便很简短，也是字字珠玑，令人称叹。这样的祝酒词不但能给人耳目一新的感觉，还能展现出一个人的内涵和修养。无论是哪种饭局，它都能为你博取出彩的机会。因此，想在饭局上展现自己，平时就应该多做积累，以便在用时能从容不迫，徐徐道出。

如果你觉得诗词文绉绉的太拗口，也可以适当把诗词改一改。很多时候，一些经过巧妙改动的、令人意外的祝酒词，活跃气氛的效果更好。

说祝酒词时，需要注意两个问题：第一，如果不是非常正式和严肃的场合，祝酒词应该尽量口语化。祝酒词口语化的好处是让人感觉亲切，不像报告似的正式；第二，如果你不善言辞，就不要准备太长的祝酒词。本来就不擅长表达，再加上众目睽睽，你心里难免紧张，说起话来结结巴巴，前言不搭后语。与其那样，不如扬长避短，准备一段简洁的祝酒词。

说祝酒词前，可以事先默念几遍，以求记牢、记熟。在表达时，应该追求铿锵有力、连贯流畅。一段好的祝酒词不仅可以沟通感情，还可以调节饭局气氛。平时在这方面下点功夫，说不定能让你在关键时刻备受瞩目，大放异彩。

第二节 敬酒的规矩

　　饭局就如同小说中的江湖一般，很多时候，致胜之道并非依靠打打杀杀，而是通晓人情世故。若不懂人情世故，不遵守敬酒时的规矩，那么就算喝到吐血，也是白搭。试想一下，如果一个人小你十来岁，当你向他敬酒时，他连屁股都不抬，你心里会开心吗？别人敬酒时，到了你这儿突然跳过去敬别人了，你心里会不会觉得不舒服？

　　敬酒的规矩其实并不复杂，最重要的是把握好细节。

　　细节一：第一杯酒应该由谁来敬？第一杯酒对于一场饭局来说至关重要，这杯酒若敬得好，接下来的流程就能顺利地进行下去，若敬得不好，气氛就很难活跃起来。第一杯酒通常是由东道主来敬的。敬这杯酒时，东道主不但要表达出敬意或谢意，还应该调动起在场所有客人的情绪，让他们接下来喝得有兴致。敬第一杯酒时，东道主还应该说一段敬酒词。这段敬酒词至少要点明此次饭局的目的或主题，为气氛奠定一个基调。身为客人，一定不能抢在东道主前头敬第一杯酒，这样不但坏了规矩，还抢了东道主的风头，是很讨人厌的。

细节二：东道主给客人倒酒的顺序。饭局上的第一杯酒应该由东道主来倒。倒酒时，一般先给主宾倒，然后按照座次倒一圈。没有主宾的话，先给长辈或领导倒。都是同龄人或者同事的话，就遵循女士优先的原则。客人不想喝酒不要勉强，可以给人家的杯子里倒上饮料或茶水。

细节三：东道主倒酒时，客人如何致谢？东道主倒酒时，客人理应表示感谢。感谢方法一般有两种，一种是端起酒杯致谢，如有必要，还应该站起身来，更显礼貌和尊重。另一种是"叩指礼"，就是用手指在桌上轻叩三下。用叩指礼时，应该注意辈分的问题，比如晚辈向长辈行叩指礼时，应该五指并用，这个动作意味着五体投地一般的敬意；平辈之间用食指和中指两指来叩，这个动作与双手抱拳致意差不多；长辈对晚辈，用食指或中指单指叩即可，这个动作与略微点下头类似。如果实在不想再喝，可以用手掩住杯口，对东道主表示歉意，对方一般也不会勉强。

细节四：东道主敬完第一杯酒，主宾如何回敬？东道主敬完第一杯酒之后，接下来应该是主宾回敬一杯。这杯酒同样非常重要，起着增进主宾感情、活跃酒宴气氛的作用。主宾回敬的时候，同样要有一段祝酒词。由于东道主的第一杯酒已经把宴会的主题和对宾客的祝福都表达了，因此主宾的祝酒词就应该以增进感情为主，以饱满的热情来感谢东道主的邀请。

细节五：除主宾外，其他客人敬酒的顺序。敬酒是一场饭局中的重要环节，敬酒时一定要重视礼仪，凸显尊重，这样才不会失去一个展示自己的机会。主宾之间互相敬酒结束后，其他客人就可以互相敬酒了。敬酒的时候，首先考虑的就是，不能影响客人吃饭。接着，要明白敬酒的顺序。如果你是客人，敬酒时首先应该分清主次。一般第一杯酒先敬东道主、辈分最高的或身份最尊的人，然后按顺时针或逆时针的顺序依次敬。如果搞不清楚众人的身份高低，可以先从自己旁边的那位客人开始逐一敬。跳过某个人敬酒是非常不礼貌的，而且可能会让对方觉得你看不起他。敬酒的时候，态度要从容大方，体态端正，双手举杯。等对方开始喝了，你再喝。有的人喜欢"先干为敬"，这也可以。

细节六：敬酒时一定要注意敬酒的对象。

怎么给长辈敬酒？桌上如果有长辈或前辈的话，出于尊重，应该向他们敬杯酒。起身敬酒，态度恭敬，说一些健康长寿之类的吉利话，或者表达一下自己的敬仰之情，这都很好。

怎么给领导敬酒？想要在饭局上给领导留下一个好印象，敬酒这个环节一定不能忽视。敬酒的时机也很重要，最好先观察领导的状态如何，如果他已经喝了很多，敬酒时就不要再强调干杯了。如果饭局上有好几位领导，下属一定要等领导互相敬完，自己再敬。抢在领导前头敬酒，实为酒场大忌。如果领导正在吃东西，或跟人谈话，就先别上前打扰，等他方便时再敬。给领导敬酒，几句大方得体的敬酒词必不可少。敬酒词要有分寸，若没有边际地一味吹捧，不仅会让领导反感，连同桌的人也会听不下去。敬酒的姿态和动作方面也要注意。面带微笑，略微弯腰，双手举杯，这样就很得体。

怎么给下属敬酒？身为领导，在给下属敬酒时态度应该亲切些。因为下属跟你一起吃饭时，多少会有点紧张，要是你绷着一张脸，桌上的气氛就更沉闷了。给下属敬酒能拉近你们之间的距离，要是再加上几句赞赏和鼓励的话，就更能赢得下属的心了。

细节七：敬酒时，酒应该倒多少？关于倒酒倒多少，有两种说法，一种是"茶要七分满，酒要八分满"，另一种是"满杯酒，半杯茶"。仔细想想，酒倒得太满，客人一举杯，酒就洒出来了，甚为不便，所以如果客人没有特别要求的话，还是倒八分满比较合适。上面所说的是啤酒和白酒的倒法。如果倒红酒，一般是倒半杯或多半杯。白兰地的话，倒三分之一杯就可以了。

细节八：怎么碰杯？如果对方是长辈或者身份地位比你高，与其碰杯时，应该双手执杯，而且你的杯口要比对方的杯口低三分之一左右。碰杯不能直上直下地去碰，而是应该让杯子略微倾斜些，用自己的杯口去碰对方的杯体。倾斜的角度不可太大，否则酒容易洒出来，还会让对方觉得你做作。碰杯时的动作幅度不要太大，只要发出清脆的碰撞声就行了，不能让杯子碰得咣当作响。

细节九：谁可以一次敬好几个人，谁应该一个个地敬？敬酒时，一次敬几个人，也是有讲究的。通常能一次敬所有人的，只有东道主和主宾。如果你并不是东道主和主宾，最好还是一个一个地敬。

细节十：敬酒时不可让人觉得你厚此薄彼。当你发现东道主频频给主宾敬酒，对包括你在内的其他客人很冷淡，想必你会因为受到忽视而感觉很不舒服。因此，当你做东招待客人时，一定要照顾到每位客人的情绪，不能厚此薄彼。重要的客人自然应该殷勤招待，但也不能因此怠慢了桌上的其他客人。身为客人敬酒，也是同样的道理。

第三节 劝酒的技巧和分寸

在饭桌上劝酒，是中国人延续至今长达几千年的习俗了。《诗经·小雅·楚茨》中就有"以为酒食，以享以祀，以妥以侑，以介景福"之语。其中，"侑"字就是劝进之意。东道主或陪客担心客人吃不饱，喝得不尽兴，故而有劝进饮食之举。劝人多喝几杯酒，目的主要有两个：一是表达待客的诚意，让客人喝得尽兴；二是让现场的气氛更热烈些。如果你希望客人们开怀畅饮，饭局上高潮迭起，就得掌握一些过硬的劝酒招数。

劝酒招数主要有以下几个：

1.给出一个值得喝一杯的理由。你可以用一件值得庆贺的事来劝酒，比如升迁、获奖之类的。由于是高兴的事，对方会比较乐于接受；你也可以用缘分来劝酒，如"有缘千里来相会""相逢即是有缘"之类的。只要能为一件事赋予特殊的意义，劝酒就算成功了大半。

2.用赞美来削弱对方的抵抗力。听到赞美自己的话时，人往往会陶醉其中，自然而然，对于劝酒的抵抗力便随之大大下降。因而用这招劝酒，通常会取得事半功倍的效果。至于赞美的点，可以选取对方身上的某种异于他人的特质，如独特的嗓音和气质等，也可以是对方在某些方面取得的佳绩。

3. 打感情牌。把喝酒多少与感情深浅联系在一起："感情深，一口闷，感情浅，舔一舔。"这类劝酒词在酒桌上特别常见，而且往往收效颇佳。究其原因，劝酒者就是通过打感情牌来迫使对方就范的。真正的劝酒高手，即便跟一个人是头次见面，也会用"一见如故""相见恨晚"之类的话来增进双方的感情，并利用这一点来劝酒。

4. 激将法。在人多的时候，或者在酒精的刺激下，人的自尊心往往比平时更强。在劝酒时，可以利用人的这一弱点来进行适当的刺激。为了保住面子，对方通常会乖乖就范。需要注意的是，采用激将法一定要适度，如果刺激得太过分，真的伤了对方的颜面，那可就不好收场了。

5. 以退为进。如果对方因为某种原因达不到你的要求，你可以视情况降低要求，让对方少喝一点。比如对方酒量不行，你可以提议自己干了，让对方随意，或者让对方换低度酒。总之，当你做出让步，承担得更多时，对方通常不会驳你的面子。虽然这招效果不太理想，但总归也算达到了劝酒的目的。

6. 通过饭局小游戏来劝酒。饭局小游戏有两个人玩的，也有多人一起参与的。由于只有输的一方才会被罚酒，很多人会抱着凑热闹或侥幸心理欣然参与其中。

　　下面再来说说劝酒的分寸如何把握。饭局上一旦有了酒，就不可避免地会出现劝酒的现象。不少人认为劝酒是个陋习，甚至因为别人的频频劝酒而大动肝火，心生恼怒。究其原因，可能就在于对方没有把握好劝酒的分寸。站在劝酒人的角度，他可能觉得如果劝得不够，会让客人觉得自己不够热情，招待不周，所以才一而再，再而三地劝。那么，劝酒人该在哪些方面把握分寸，才不会让被劝的人觉得反感，从而愉快接受呢？

　　1. 劝酒要分清场合。如果对被劝者很熟悉，而且知道他有些酒量，热情地进行劝酒，一般不会引起对方反感。若是像下级单位接待上级单位检查这种场合，下级单位的代表就应该庄重严肃些，不能向上级单位的代表劝酒。另外，接待不理解或不接受中国式劝酒作风的外国人、要在饭局上洽谈商务合作、与被劝酒者之间是陌生人，这些情况也都不宜劝酒。

　　2. 劝酒的时机。最好是遵循"掐头去尾"的原则，也就是说，尽量在饭局中段劝，而刚开场和快结束时不劝。这是因为，刚开场时，大家都还没怎么进入状态，心情不够放松，这时劝酒，效果往往不好。快结束时，大家基本都喝得差不多了，意兴阑珊之际，再劝也没什么意思。当别人把酒杯换成了茶杯时，也不宜再劝，因为人家这个举动已经表明不想喝了，再劝酒很可能会自讨没趣。

　　3. 针对不同对象，采用不同的劝酒方式。对于一些身份特殊的人，在劝酒时一定要慎重，有时宁可不劝也不要失了礼数。比如对长辈和领导，想喝多少最好全凭人家自己的心意，晚辈和下属如果不知深浅地硬劝，人家不给面子还是小事，遭到一顿训斥和讥讽，那丢人可就丢大了；对于开车来参加饭局的人，我们不但不能劝酒，反而应该在发现他喝酒时上去制止，因为酒后驾驶引发事故的新闻太多了，我们一定要有这方面的安全意识，宁可少喝一顿酒，也不能不顾安全，酿成大祸；对于身体欠安的人，也不能劝酒，没有什么比身体健康更重要，与健康相比，喝不喝酒根本不值一提；对于不熟悉的女士，人家如果不主动要求喝，我们最好别劝，毕竟女士喝醉后要面临的危险和麻烦要比男士多得多。

　　4.注意劝酒的说辞。劝酒之人有时自己也喝得不少，所以在劝别人喝酒时，容易忘乎所以，这一点我们一定要注意，不能在劝酒时把什么话都往外吐。比如不能用"谁不喝谁就是孙子"这种粗俗的话去劝酒，否则碰上较真的，非跟你急眼不可。

第四节　拒酒——必须掌握的技巧

　　有的人喜欢通过饭局拉近关系，联络感情，因为在酒精的作用下，人更容易敞开心扉。不过，也有的人怕去饭局，原因可能是其滴酒不沾或酒量不佳，担心遇到敬酒或劝酒之事时应付不来。要是一个不小心破坏了气氛，关系没拉近不说，反而得罪了人。其实一场饭局中有劝酒的，自然就会有拒酒的，这没什么，只要掌握一些拒酒的技巧，你也可以和那些酒量好的人一样，表现得游刃有余。

　　在一场饭局中，如果你从一开始就不打算喝酒，那么在别人第一次来敬酒时，你就要给出一个充分的理由。这个理由要让对方感觉再劝你喝，就是不近人情，从而主动放弃。很多时候，敬你喝酒的人是想看到你对他尊重和重视的态度，所以你要抓住的重点就是让对方感受到你的尊重和重视。与之相比，喝与不喝并不那么重要。说到底，酒不过是个媒介罢了。

　　以下有几个比较实用的拒酒理由：

　　1. 身体健康方面的原因。众所周知，心脏病、痛风、哮喘等疾病是严禁饮酒的，酒精过敏的人也不能喝酒，否则容易引发严重的后果。

2.近期正在吃药。喝中药期间是要忌酒的，另外吃过或者注射过头孢类药物，也绝对不能喝酒。要是你说你吃过头孢类药物，那就算你想喝，别人也不敢让你喝，因为一旦引起休克什么的，那麻烦可就大了，谁都承担不起这个责任。

3.工作原因。比如说自己明天早上有个重要的会议要参加，或者手头有要紧的工作，必须保持良好的状态，不能喝酒。听到这个理由，大多数劝酒者不但不会不高兴，反而会认为你不因喝酒而误事，是个靠谱的人。

4.开车。我们一定要有鲜明的底线，那就是：喝酒不开车，开车不喝酒。

5.备孕。备孕期间是要戒烟戒酒的，而且时间在半年以上，所以这个理由能用上很长一段时间。过去这个理由一般只适用于年轻人，但随着二胎、三胎政策的开放，这个理由的适用范围也扩大了许多。

以上说的是从一开始就不打算喝酒的拒酒方法，大家一旦接受，后面基本就不会再为难你了。不过，别以为躲过了劝酒就万事大吉了。你想想，看着别人推杯换盏，而你只能吃点菜或者干坐着，这未免有些尴尬。站在喝酒那些人的角度看，大家都喝得热火朝天，就你不喝，好像谁冷落了你似的，多少有些扫兴。为了不让大家都感觉不自在，你不妨主动承担起斟酒的任务，以劳代酒，让自己融入酒局，这样就不至于因为不喝酒而显得跟大家格格不入。另外，虽然你不喝酒，但同桌喝酒的人都起身碰杯时，你最好用茶水或饮料替代，也一同起身跟大家共饮一杯，这样才不失礼数。

　　说完不喝酒的，再来说说喝酒的情况。不管你的酒量是深是浅，喝酒都要适量。喝到一定程度，再继续下去，就容易言行失态，甚至损害身体健康。当你意识到自己手脚笨拙、走路不稳、胃中翻腾、想吐时，再有人来劝酒，就应该拒绝了。

　　当你酒量有限，不胜酒力时，怎么拒绝别人的劝酒呢？这种情况相对来说比较麻烦，因为你既然已经喝了酒，就不免频频遇到来敬酒和劝酒的，要是应对不当，容易让劝酒者感觉你不够实诚，或者认为"怎么之前跟别人都能喝，到我这儿就不喝了，是不是看不起我？"在酒局中量力而行，适时适度拒酒，并让对方感受到你的真诚，而不是"不给面子"或"看不起他"，这一点很重要。你可以通过类似下面这样一番话来表明自己的真诚："以我的酒量，原本只能喝两杯，今天见到各位，格外高兴，所以有些贪杯，这要是再喝下去，恐怕要出丑，希望大家理解。"

　　你也可以用一些比较有新意的拒酒词来拒酒，比如："我为大家唱支歌，歌声好听酒不喝"或"君子之交淡如水，以茶代酒也很美"。

　　如果遇到推托不过去的情况，还有两个方法可以试试：一是找比较亲近的人代自己喝，二是讲件有趣的事，博众人一笑，从而达到转移注意力的目的。这招如果用得巧妙，不但不会让劝酒者感到扫兴，还能活跃酒局的气氛。

　　总而言之，拒酒的原则就是：既能把酒拒了，又不让劝酒的人感到难堪。

第五节　如何为领导挡酒

有些饭局，是领导带着下属去的。领导带下属去赴饭局，通常有两个目的：一是带下属见见世面，二是想让下属从旁协助，在关键时刻冲上去帮自己挡挡酒。聪明的下属能搞清楚状况，知道什么时候该挡，什么时候不能挡。没眼色的下属就不会审时度势，一看领导要喝多，就冲上去挡了，还以为只要替领导把酒挡下就能立功。殊不知，这种不分情况乱上去挡酒的行为，有时反而会给领导惹麻烦，让领导难堪。

一天，小张陪自己的领导王经理去参加一次饭局。饭局上，公司的大客户刘老板多次向王经理敬酒。王经理已明显不胜酒力，但刘老板还是不依不饶，给他倒了一杯度数很高的白酒，说："来，老王，感情深，一口闷；感情浅，舔一舔。这杯酒你看着办吧！"王经理赔着笑脸解释道："刘老板，我今天喝得太多了。这杯要是再干的话，怕是要当众出丑了。"刘老板继续逼迫道："你的酒量我是知道的，是不是不给面子啊？"小张见王经理连站都站不稳了，赶紧冲上去拿起酒杯，说道："刘老板，王经理不行了，这杯我替他干了！"谁知刘老板脸色一沉，当场就发飙了："我敬你们王经理酒呢，你跑过来多哪门子事儿？"王经理解释道："小张还年轻，不懂规矩，还望刘老板多包涵。我怎敢驳您的面子呢？这杯酒我干了！"说完，王经理仰头一饮而尽，随后赶紧跑去了卫生间。事后，王经理虽没责怪小张，但此后的饭局再也没叫他跟着去了。

下属陪领导去参加饭局，一直闷头吃饭，完全不理会酒桌上的情形，肯定是不行的，那样领导以后肯定不会再带你出去。但像小张那样帮领导挡酒，就一定能帮领导解围吗？很明显，并不是。下属替领导挡酒，至少要具备三个条件：一是有勇气，二是有智慧，三是有酒量。小张有勇气，这一点毋庸置疑，可能也有酒量，但就是欠缺一点——智慧。在酒桌上说领导"不行"，这也是一大忌讳。虽然酒量不是衡量一个人行不行的标准，但上了酒桌，很多事都是用酒来说话的。拒绝对方敬酒，对方可能觉得这是不给对方面子，这不是酒量行不行的问题，得从周全面子的角度去考虑。下属该不该上去帮领导挡酒，是要看对象的。不看对象就贸然上去挡酒，结果不但不能为领导解围，反而会让局面变得更糟。喝酒的对象不同，挡酒的策略也不同，有时候下属甚至只能眼睁睁地看着领导喝多，也不能上去挡。

1. 敬酒方是领导的下属，替领导挡酒时要懂得察言观色。

一般情况下，下属向领导敬酒劝酒都会把握尺度，不会出现逼迫领导喝酒的情况。但偶尔也会遇到一些"愣头青"，想借着敬酒的机会给自己挣点面子，比如跟领导说："我敬的这杯酒，领导要是不喝的话，就是看不起我这个小喽啰。"这种话相当于将领导的军，如果领导还有余力的话，一般不会拒绝。不过当领导不胜酒力时，不喝下属敬的酒也没什么。有时候，领导会当面放话，找人替喝。但有时候，领导不方便放话，只能暗示。这就需要懂得察言观色的下属上前帮忙挡一挡。察言观色，最主要的是捕捉眼神。眼神虽不像动作那样明显，但只要留心，还是能观察出对方意图的。比如领导先是看了看你，然后又看了看自己的酒杯，这信号就很明显了。跟领导的下属说话无须太多顾忌，给对方个台阶下即可，比如："来来来，兄弟，我看你酒量不错，不如咱俩比画比画，怎么样？"

2. 敬酒方跟领导平起平坐，要看领导的状态来决定是否挡酒。

平级之间喝酒，论的是朋友交情，做下属的通常不好横插一杠子。这种情况，下属要留意领导的状态。倘若领导兴致很高，状态也不错，下属就别上去多事，让人家兄弟俩好好喝就行了。一旦发现领导露出醉态，就得及时上前解围。醉酒是小事，要是酒后失态，那可就不好了。所以发现领导要出丑时，什么原则和技术都可以暂时抛到一边，先稳住局面，别让领导出丑才是最要紧的。替领导挡跟他平级之人的酒，可以用类似这样的话术："王经理这几天身体不舒服，医生嘱咐他不让喝酒。我不放心他，这才跟了来。周经理，您要是看得起我的话，这杯我来替王经理喝，您看行吗？"用"看得起我"这种话，既表现了自己的谦逊，又给足了对方面子，对方一般不会拒绝。如果你再主动些，先干为敬，那对方就更不好说什么了。

3. 敬酒方是领导的领导或我方公关的对象，下属一定要等领导放话，才能上去挡酒。

领导的领导敬酒，下属上去帮自己领导挡酒，这属于越级行为。这种情况要靠领导自己运用智慧去解决，做下属的不能挡酒，只能做点辅助工作，比如给领导倒点茶水解解酒，或者搀着走路不稳的领导去卫生间之类的。我方公关对象敬酒，领导想要拿下业务，或者得到公司想要的资源，就得喝下对方敬的酒，这有点像某种江湖上的规矩——想要得到一样于己有利的东西，就得吃点苦头。这种敬酒，讲究的是"身份对等"。有求于人的一方的领头者要会为自己解围，在跟对方博弈一番后，对方同意或者至少不拒绝替酒了，这时候，领导明确放话，身为下属的不仅要上，还得使出浑身解数来，打赢这场"攻坚战"。

4. 敬酒方来者不善，下属应该主动出击，把对方的矛头引向自己。

饭局上的敬酒，有时并非出自善意。当你发现向领导敬酒的人来者不善，是故意为难领导，或者想看领导的笑话时，应该主动出击，吸引对方火力，让对方把矛头转到你身上。一个人的酒量是有定数的，被你分走一些，他再跟你的领导喝时，你的领导的压力自然会小一些。至于挡酒的策略，可以采用"以气势压倒对方"的方式。比如跟对方说："王经理已经喝得差不多了，您如果还没尽兴的话，不如让弟弟我来陪您喝。这瓶不够，我们再来。"领导见你如此，嘴上不夸，心里必定领情。

第六节　陪酒时要讲究策略，不能提前倒下

在饭局上陪酒，光有酒量是不够的，还得脑筋活络，懂得审时度势，知道什么酒该喝，什么酒不该喝，什么时候得多喝，什么时候随便应付两下就行了。有的人喜欢在喝酒时当先锋，他们喝酒时漫无目的，眼里好像只有酒，想跟谁喝就跟谁喝，想把谁灌醉就把谁灌醉，一通折腾下来，连得罪了人都不知道。酒桌上的规矩复杂多样，如果不分场合，无视对象，就贸然冲上去当先锋，结果很可能会遭遇"伏击"，早早醉倒。如果有陪酒任务在身，我们在上了酒桌时一定要克制一点，动动脑子，别一味逞强，早早醉倒。醉酒事小，要是因此误了事，该陪好的没陪好，你所做的一切可能就失去意义了。

喝酒有时就像打仗一样，想要圆满完成陪酒任务，我们多少得讲究点兵法策略，先做到知己知彼，再做一些战术上的安排。

所谓知己知彼，就是要清楚自己和别人的酒量如何。自己的酒量不难得知，怎么得知别人的酒量呢？一个人的酒量多少虽没有写在脸上，但可

以通过以下几个方法"侦察"出来：

1. 事先找熟人摸清底细。有时候，你虽然没跟某个人喝过酒，但可以找跟他喝过酒的人打听一下，心里大致就有数了。

2. 上了酒桌当面问。这个我们自己也有经验，除了心眼特别实的，否则我们在透露酒量时都会有所保留，比如明明能喝一斤白酒的，顶多只跟人家报八两。根据这个经验，我们在得到答案时，就得在那个酒量的基础上加上一点，才能跟实际情况大致相符。

3. 边喝边试探。通过一个人喝酒的速度、频率、喝完几杯之后的状态等情况，我们就能摸出个大概，知道对方的酒量深浅。喝酒时来者不拒，一杯接一杯地干，这种人的酒量不会小，所以跟这种人喝酒时，你可一定得悠着点。

陪酒时的战术安排，主要分为前、中、后三个阶段：

饭局的前半场，要保存实力。饭局的前半场，通常是几个主要角色忙着互相敬酒客套，没人会留意配角。如果你不是主角，可以趁此时多吃点菜垫垫底。至于酒呢，能不喝就不喝，除非全桌都得喝或者有人来敬酒。如果你有些酒量，这时候别急着喝，最好先侦察一下别人的酒量。至于如何侦察酒量，前面已经说过，这里就不赘述了。

饭局中场，把目标放在消耗主要对手上。到了中场，就是大家互相敬酒的环节了。这时候喝酒，要挑"重点目标"和看起来很有"战斗力"的人来喝，目的是消耗对方，使其丧失反攻能力。这样一来，下半场就能轻松许多。

　　饭局后半场，保护我方主力，争取全身而退。进入后半场，是互相拼酒的"白热化"阶段。有酒量的，这时候可不能藏着掖着了，得干脆利落地出手，通过各种手腕迅速解决对方主力，使其丧失再掀风浪的勇气。与此同时，还要保护我方主力，也就是为我方主要人物挡酒替酒，避免其醉倒。一场酒喝下来，该达到的目的达到了，我方又都能全身而退，这才是最大的胜利。如果达到了目的，而我方喝得东倒西歪，只能算差强人意。如果目的没达到，我方还损兵折将，那无疑是最失败的。

第七节　避免喝醉的正当办法

喝酒是个体力活，也是个技术活。如果一味喝酒，不讲技术，一旦喝醉了，不但容易当众出丑，自己的身体也会跟着遭罪，不是吗？因此，我们有必要学习一些避免喝醉的招数，这些招数都属于光明正大的技巧，既能保护自己，又不会得罪人，比如：

1. 预先给自己设限，一到酒量，任别人怎么劝也坚决不再喝了。

2. 尽量不空腹喝酒。在喝酒前先吃点东西垫垫底，这样一来能保护胃黏膜免受损伤，二来也不容易喝醉。

3. 能用小杯就用小杯，能不干就不干，不要逞强。

4. 把握喝酒的节奏。喝酒时不要太急，也不要连续干好几杯。

5. 尽量只喝一种酒，不要多种酒混着喝。

6. 选自己擅长的酒。你擅长白酒就选白酒，擅长啤酒就选啤酒，不管别人喝什么，你都以自己的强项去应对。这样起码心里有谱，不至于因为一时高兴而轻易醉倒。

7. 选跟大多数人不一样的酒。比如别人喝白酒，你就选啤酒；别人喝啤酒，你就选红酒。总之，就是跟多数人喝的不一样。喝同种酒的人之间方便比拼酒量，喝不同的酒怎么比较呢？一杯白酒是等同于两杯啤酒，还是三杯？这要算起来往往很麻烦，所以为了省事，大家通常都会找跟自己喝一样酒的人来比试。你跟别人喝的不一样，他们一般就懒得找你一起喝了，而你也免去了被轮番劝酒的麻烦，自然就不容易喝醉了。只要理由充分，你选什么酒喝，别人是不会计较的。

8. 不到最后的收杯酒时，不能让酒杯空着。酒杯里多少得留点儿酒，否则别人会一直给你添，而且通常一添就是添满。如果你不想喝多的话，还是自己少留点或者少添点。

9. 等别人说完敬酒词以后再喝，以免被人抓住把柄，罚你多喝酒。在提议喝酒时，有的人比较心急，没等对方把话说完，就把酒干了。这是很容易被人抓住把柄的。有的人会揪住不放，说刚才根本没看见你喝，非逼着你补喝一杯才算完。这时候，就算你解释，人家可能也会胡搅蛮缠，拒不接受。争论来争论去，最后你还是得多喝一杯了事。因此，别人说敬酒词时，你一定得耐心听人家把话说完，再去喝酒，这样才不会给爱挑理或爱挑事的人留下可乘之机。

10. 保持低调。笑眯眯地坐在桌上，绝不起哄，一开口就是恭维话，不管别人说什么，你都点头附和。如果你是这副模样，那就算再没有眼色的人，也不会来找你的茬儿，灌你的酒，你想喝醉都难。保持低调是躲避劝酒最好的方法。你低调，别人才不会盯上你，进而频繁向你劝酒。太招摇的话，你会很容易成为劝酒者的靶子。就算被劝酒，你也要以低调的姿态破解对方的攻势。

11. 装醉。面临别人频频劝酒，不胜酒力的你一定喝也不是，不喝也不是。这时候，装醉可能是唯一的出路。别人一看你醉了，自然不好再劝，你也避免了尴尬和难堪。

○ ○ ○ ○ ○

第五章

饭局聊天注意事项

第一节 哪些话题合适，哪些不合适

选择适当的聊天话题对于一场饭局来说非常重要。聊天话题选得好，能引得大家纷纷加入谈话，畅所欲言，饭局气氛才会热烈，不至冷场。那么在饭局上聊天，选择哪些话题比较合适呢？

1. 热门事件。在这个信息时代，网络上每天都不乏热门新闻。当你有空翻看新闻时，不妨对那些热门新闻留点心。要是在某个饭局上，你想引起一个话题，之前那点功夫就派上用场了。提出某个热门事件后，你可以让大家各抒己见，谈谈自己的看法。如果桌上有见解非凡的人，他有了展示的机会，你也增长了见识，岂不一举两得？

2. 娱乐项目。比如健身、听歌、看电影、钓鱼、养花、旅游……这些娱乐项目都是比较热门的。最近新上映的电影、新开办的赛事，或在本地举办的演出等，这类话题更容易引起大家讨论的兴趣。

3. 与季节对应的运动。足球、篮球、羽毛球、乒乓球、瑜伽……这些体育活动都有很多爱好者，要是在聊天时考虑到当时的季节，那成功引起别人兴趣的可能性就更大了。比如在夏天时聊聊游泳，在冬天时聊聊滑冰，都很应景，说不定在座的人里面就有某个项目的能手。

4.惊险刺激的故事。很多人的生活都是平平淡淡的，因此心里对惊险刺激抱有一份好奇。如果在饭局上讲述一段惊险刺激的故事，相信大家的好奇心一定会得到大大的满足。

5.发生在你自己身上的小笑话。在饭局上，大家都喜欢轻松愉快的氛围，说一些小笑话自然是跟这种氛围最匹配的。你可以把自己平时在生活中亲身经历的有笑点的小事拿来讲讲，博大家一笑。说发生在别人身上的笑话当然也能逗人一笑，但要考虑别人的感受，不能以损伤别人的自尊为代价。

选对了聊天话题，你才能跟桌上的人有更深入的交流。饭局上的聊天话题有时是即兴的，有时则需要平时多留心积累。在读书、看报或上网时，你可以把一些有趣味性的、有知识性的、值得谈论的或能引起共鸣的段子记下来，然后定期归纳整理一下，以便在不同的饭局上把这些段子作为聊天话题。

在饭局上聊天时，一些敏感或惹人厌烦的话题应该主动回避，具体包括以下几个：

1.跟钱有关的话题。跟个人金钱有关的问题都属于私事，在饭局这种场合最好还是不要谈。比如问人家收入多少，身上那件衣服多少钱，做生意的进货价是多少，这些都不合适。

2.涉及政治、宗教、伦理等方面的话题。

3. 争议性很大的话题，如同性恋等。

4. 涉及灾难、死亡、痛苦的话题。饭局的气氛应该是欢乐和谐的，如果提起这些悲伤的话题，难免会影响大家吃饭喝酒的情绪。

5. 谣言和绯闻。未经证实的闲话，说出来只会把饭局的气氛搞坏。

6. 与工作有关的话题。很多人容易犯一个错误，就是在闲聊时，喜欢聊跟对方职业相关的话题。也许你觉得跟医生聊做手术、跟老师聊怎么教育学生、跟律师聊怎么打官司是理所当然的事，但试想一下，如果你长年累月地从事一项工作，好不容易来到一个工作以外的场合，你还有兴趣聊工作上的事吗？当然，如果对方刚进入某个行业，跟他聊聊那个行业内的事倒是没什么。

第二节 恰当表达和发问，保证信息传递的准确性

在与他人的聊天过程中，我们应该首先确保信息传递的准确性。如果因为表达不清楚而导致别人无法理解我们的意思，或者我们不理解别人的意思也不去问明白，那很可能双方聊了半天，结果根本就不在一个"频道"上。

想要确保信息传递的准确性，我们首先要注意自己的表达方式，比如：

1.不要因为省略主语而造成歧义或误会。虽然汉语讲究精练，但精练的前提是保证语言表达的准确性，如果不能保证对方明白主语是什么，那还是不要省略为好。

2.慎重使用同音词。同音词在书面中的区别很明显，但在说话时就很容易造成误解，所以在说话时，要么避免使用，要么在使用后顺便解释一下。

3.尽量避免使用文言词。文言词大多晦涩难懂，会对沟通造成障碍，除非是大家耳熟能详的文言词句，否则在与人交谈时最好不要使用。

4.把握说话的节奏。所谓说话的节奏，是指语速的快慢和停顿。人的

语速有快有慢，不同的内容也要通过不同的语速去表达，才会更有表现力。但不管语速是快是慢，都不能一点停顿都没有，否则很容易导致语义混乱，使听者摸不到头绪。书写时，我们可以借助标点符号来断句，说话时不能用标点符号来断句，但可以用停顿来使语句更为清晰易懂。音乐中有强弱快慢的差别，人在说话时也应该掌握抑扬顿挫的技巧，使自己的声音像音乐那样错落有致，悦耳动听。如果从头到尾平铺直叙，没有一点变化，听者很容易感到疲倦，不愿意再听下去了。

想要保证信息传递的准确性，我们还应该注重肢体语言的表达。为什么这么说呢？这是因为，语言虽然在沟通中占有很大的比重，但并非全部。沟通是一个传达信息的过程。要想让自己传达的信息被对方准确接收，光靠说是不够的，很多时候还要借助一些肢体语言。如果你给别人造成的感觉印象为 100 分的话，那么在这 100 分中，有 77 分是眼睛接收到的，14 分是耳朵接收到的，剩余的 9 分是其他感觉器官接收到的。这是美国的语言学家研究得出的结论。由此可见，我们在与人沟通时，要格外重视传达给对方的视觉信息。这里所说的视觉信息，指的就是一个人说话时的眼神、表情、手势和姿势等肢体语言。

信息传递既包括你传达给别人的，也包括别人传达给你的。当我们与别人谈话时，光靠听可能还不够，有时还需要我们会问。提问不仅能解答你心中的疑惑，为双方的交流排除障碍，还能让对方感受到你倾听的诚意。那么该如何提问，才能达到上述效果呢？

1.换位思考式提问。这种方式需要你站在他人的角度去思考，从而提出问题。用这种方式提问，能让对方感受到你真正理解他的内心需求，从而被你的诚意打动。我们常说的"动之以情"的效果，很多时候就是靠这种方式来达到的。

2.引导式提问。通过强烈的暗示性语句，引导对方给出你想要的答案。

3.探索式提问。用"你听说过……吗？"或"你知道……吗？"这类句式来发问，目的是从对方那里获得更多的信息。

4.验证式提问。概括对方所说的内容，后面加上一句"我这样理解对吗？"或"是这个意思吗？"通过这种方式来进行验证，目的是保证你与他人的沟通准确有效。

5.封闭式提问。这种提问方式，目的是把答案限定在某个范围内，以免目标分散，导致话题漫无边际，比如"你确定吗？"或"真的吗？"

6.开放式提问。这种提问方式，目的是引发更多的讨论或让话题更加深入，比如"为什么？"或"你怎么看？"

第三节　一定要避免别人心生抵触或厌烦

聊天是个技术活，也是一个人情商的体现。为了避免在聊天时别人心生抵触，或有厌烦的感觉，我们需要注意以下几点：

1.注意说话时的神态。有的人可能有这样的疑惑：我在说话时明明表达流畅，一气呵成，词句无可挑剔，可别人就是不爱听，为什么呢？问题很可能就出在说话时的神态上。说话时态度傲慢，会伤害听者的自尊心，使其心生抵触；态度卑微，会让听者难以对你产生信任；态度冷漠，会让听者失去兴趣；态度严肃，会让听者感到紧张拘束；态度随意，会让听者觉得你心不在焉……只有注意自己的神态，让听者感受到你的不卑不亢，亲切和善，他（她）才愿意听你说。

2.不一味否定对方。每个人都有自我的一面，这一点在与人交谈时表现得尤为明显。如果自己说的话得到认同，自然就会对认同自己的人产生好感，更愿意与之交流。反之，如果自己的话总被否定，就会在心理上对否定自己的人产生排斥，觉得与之"话不投机半句多"，自然也就不愿意继续交流了。

3. 不能只听表面话，一味肯定对方。有的人可能觉得，既然不能一味否定别人，那我就多肯定呗，不管别人说什么，我都"对对对""是是是""我也那么想的"，这样就没问题了吧？不。听人说话，不能只听表面，还得觉察出对方的心思。要知道，一个人有时候心里想的和嘴上说的完全是相反的。在这种情况下，他更希望听到的不是你的肯定，而是反驳。比如有的人说："我老婆整天唠叨我，这也不让，那也不让，好像我什么也不会干似的……"这时候，他说的可能是真话，也可能是反话——他表面上嫌自己老婆唠叨，但实际上可能更希望听到反驳的话，让你夸他老婆有多关心他。

想弄清楚真假，你不妨这样试探一下："看样子她还是很在乎你的。"如果对方反驳你，那就说明他刚说的是真话。像这种发牢骚的真话，我们不宜跟他深聊下去，否则谈话就会变得很负面。如果对方马上顺着你的意思说下去，那就说明他刚说的是反话。如果不进行试探，就傻乎乎地附和："可不是嘛！整天被女人唠唠叨叨的真烦！"那岂不是很尴尬？你们还怎么聊下去呢？

4. 秉持"求同存异"的观念。求同，你与他人才有的谈，才谈得下去。存异，别人才不会觉得你毫无主见，只会随声附和。人和人之间的性格和爱好虽有差异，但只要细心查找，总能找到共通之处。多寻求共同点，谈话就会顺利得多，也愉快得多。在谈话中讲究求同，并不是要你一味说违心的话，或者强迫自己附和别人。当你的观点与对方有很大分歧时，可以表明自己的立场和观点，但点到即可，尽量不引起争论。

5.如果引起争论，尽快转移话题。饭局上的交谈往往都是闲聊，所以只要聊得高兴就好了，很多时候不能太较真。如果你发现有人反对你说的话，为了避免引起争论，你可以适时转移话题。比如说："你说的也有道理。诶，你的杯子空了，我给你添点水吧！对了，关于……那件事你怎么看？"以这种方式转移话题，不露痕迹，又主动示好，谁还会跟你争论呢？

6.随时测试对方是否感兴趣，如果不感兴趣，及时转换话题。聊天时，我们要时刻注意听者的反应。如果对方总能接上你的话头，说明他对你说的感兴趣。如果对方根本就不接话，或者你问个问题，对方很长时间都答不上来，说明他没有听进去，对你的话题不感兴趣，这样的谈话就没有必要再进行下去了。这时候，你最好的解决方式是转换话题，或者把话语权交给对方。

7.不要让对方觉得你对他的话不感兴趣。与人聊天时，我们有时难免会走神。如果对方发觉你心不在焉，心里可能会不高兴。为了避免让别人觉得你有意冒犯，你应该及时为自己解围，同时也给对方一个台阶下，比如问他："那后来怎么样了？""你是说……"如果你在走神时被对方抓了个正着，那么自我解围的方式可以是这样的："抱歉，我刚刚在想你说的那件事，要是照那样发展下去的话，可能会……"或者"你刚才说的事让我联想起了……"这样说，会让对方觉得他的话引起了你的思考。如果是这样，你的走神在他心里也就情有可原了。

第四节　如何倾听

与人沟通时，应该以对方为重点，把自己想说的话暂时放一边，多谈论一些对方关心的话题。倘若聊天双方都自说自话，不想花时间去倾听对方，那怎么能聊到一起呢？很多时候两个人话不投机就是因为这个。每个人都有表达自己的欲望。如果在饭局上，某个人一直牢牢攥着机会不停地说，一点说话的机会都不给别人留，很容易引起别人的不满。况且在与人沟通时，一个人说得越多，能获得的信息就越少。反之，多让别人说，自己才能获取更多的信息。因此，我们在饭局上应该适当把说话的机会让给别人，多听少说。

倾听，并不是呆呆坐在那里，除了听以外就什么都不用做了。事情没那么简单。在倾听时，你至少要做到以下几点：

1. 倾听时要面带微笑，注视着对方，并且保持精力集中。面带微笑，是为了让对方感受到你的亲切，注视着对方，是为了让对方感觉你对他说的话很感兴趣，从而更愿意跟你交流。每个人都希望自己的倾听者能认真听他说话，如果你左顾右盼，对方会觉得你根本就没心思听他说，他也就没有说下去的兴致了。在恰当的时候，作为倾听者的你也可以用一些姿势和手势，比如点头表示赞同等，让对方感觉到你与他之间有互动。

2.弄清楚对方真正想表达什么，或者想从你这里得到什么回应。有的人说话只是单纯地向你描述某样事物，有人说话是想从你这里得到理解和支持，有的人说话是想让你给他出出主意……因此在倾听时，要抓住问题的关键，你不光要听他说了什么，还要留心观察他的神色、动作、语调和语速等，以便判断他的真实意图或内心的潜台词，弄清楚他（她）的用意，以便给出恰当的回应。

3.确保你与说话人之间的沟通是有效的。当你对说话人的话有疑问时，可以适时询问对方，看自己理解得对不对。双方取得一致后，再继续下去。当对方的表达很凌乱，以至于你搞不清他到底想表达什么时，可以试着帮他理顺思路，明确主题。

做到以上几点，你就算是一名合格的倾听者了。如果想让倾听的效果更好，你还应该更进一步，做到以下几点：

1.当对方迟疑时，给予他一定的鼓励。在倾诉的过程中，有的人可能会面色迟疑，吞吞吐吐，这时候，你可以鼓励他说："有什么事尽管说出来，别见外。""你想说这件事是吗？好啊，我有兴趣听！"对方一时半会儿想不起来的事情，不要急着催促，给对方充足的时间想。如果对方实在想不起来，你可以顺着刚才的话指出几个方向，帮助对方找到新的切入点，或换别的话题继续聊。总之，让对方明白：不管怎样，你都很乐意听他说，他无须顾虑什么。

2. 多表示赞许，以赢得对方的信任和青睐。比如说一些"没错，我也这么想的""嗯，你的做法真是没话说""你太高明了！"的话。当倾诉者得到赞许时，表达起来兴致会更高。

3. 让对方明白你真的理解他。比如当对方描述完一件惊心动魄的事时，你可以说："哇！听你这么一说，我的心都提到嗓子眼儿了！"或者当对方描述完一段艰难的经历时，你可以说："你真有毅力！要换作我，还不知道能不能扛得住呢！好在事情都过去了。"总之，就是让说话的人明白：他的描述让你有身临其境的感觉，你真的能体会他当时的心境。这会让他感觉很舒服。

4. 概括主旨。在适当的时候，对一个人所说的内容进行归纳总结或点明主题，这样做一来能确保双方保持有效沟通，二来能让对方充分感受到你倾听的诚意，从而对你更有亲近感。

5. 引导。当你想与一个人进行语言交流时，可以采用引导的方式，让对方主动打开话匣子。比如你很想跟一个人交流几句，而对方看起来兴致不高、闷闷不乐时，你不妨跟他说："你看起来有点心烦。"如果对方有倾诉的欲望，就会把烦心事说出来。引导他把话说出来以后，你要做的就是让对方发泄一下，从而摆脱负面情绪的纠缠。这时候，身为倾听者的你一定不能妄下评论，否则容易让对方变得更加愤怒或抑郁。

倾听别人说话的时候，还有几个需要注意的地方：

1. 不可同时倾听太多人说话。人的精力是有限的，同时听太多人说话，会导致你精神涣散，结果哪边都照顾不到。

2. 可以提问，但不能问得太多。人在连续说话时，思路和逻辑才能保持通畅，如果频频被人打断，思路就断了，这是很让人恼火的。

3. 不要妄作评论。这一点主要针对的情况有两种：一种是对方所说的事专业性比较强，而且那并不是你擅长的领域，这时候如果有人想让你表态，你大可表示自己不是专业人士，不方便评论，若妄作评论，搞不好要惹出笑话来。另一种是对方所说的你并不认同，这时候最好的做法是闭口不言，否则引起争论，破坏气氛就不合适了。

第五节 如何插话

在饭局交流中，不分时机，不顾他人感受，随意打断别人的话，会让人心生厌恶。可别人聊得热火朝天，自己干坐着，也不是回事。毕竟我们来饭局上也有人际交往的需求，要是连一句话都说不上，怎么展示自己呢？事实上，饭局上的谈话人人都可参与，只要掌握技巧，插话同样会受到欢迎。

选择什么时机插话最好呢？答案是一段谈话告一段落，下一段谈话还没开始这段空当。想在饭局上插话，得先听听别人到底在说什么，摸清话题，然后再选择适当的时机加入，最后要注意适可而止。有的人听人说话往往只听到半截，就开始抢过话头，急着发表自己的意见了。这样的插话方式很没礼貌，而且还会打断别人的思路，让人对你有意见，或者干脆不想理你了。别人心里可能会想："既然你那么能说，那干脆都让你说好了！"因此，我们在听人说话时应该有点耐心，等对方把意思表述完整以后，再发表自己的意见。

在饭局上，你有时可能看到一个朋友正在跟一个你不认识的人聊得很起劲儿，如果你对他们的谈话内容感兴趣，自然会有加入他们的想法。不过，贸然上去打断人家，场面可能会很尴尬，怎么办才好呢？比较妥当的办法是给你那个朋友一点暗示，比如冲他使个眼色，或打个手势，让他明白你的意思。

当某个人的话音刚落时，有的人可能还在品味这个人刚才所说的，你可以就那个话题发表一些自己的见解和体会。别人意犹未尽的话，就会继续跟你聊下去。这种插话方法自然、不生硬，而且在很多时候能延伸话题。如果别人对刚才的话题已经不感兴趣了，你也可以借插话承上启下，引出新话题。这样一来，你就能获得更多主导话题的机会。如果有把握的话，你也可以对上一个话题进行概括总结，提炼出里面的精华。能抓住一段话的关键是有能力的体现，你可以借此向众人展示自己这种能力。

交流是一个传达信息的过程。在别人传达信息的过程中，你可能会漏听、没听懂或有异议，这都很正常。像这种情况，我们不妨等对方的话告一段落时再插话。不能跟人家说："你刚才说的是什么意思？我没听懂。"或者"刚才那句话的意思，你能再说明白点儿吗？"这种语气太生硬，不能算是得体。比较适合的口吻是这样的："你刚才说的话，我是这么理解的……是这样吗？"

当你想插话时，有几点需要注意：

1.当别人正在说话时，你不能悄悄地出现在人家身后，搞得好像在偷听似的。插话时的姿态很重要，你应该落落大方，而不是鬼鬼祟祟。加入别人的谈话前，应该礼貌地问一句："抱歉，我能加入你们的谈话吗？"或者找机会让一个熟悉的朋友帮忙引荐，让你加入他们的谈话。

2.你插话的内容不能完全脱离对方的话题。

3.即使你已经知道对方接下来要说什么了，也要等别人说完，不能抢过话头，替别人说。

4.插话前要有所准备，明确自己要表达什么。不要急着把话头抢过来，然后边想边说，结果前言不搭后语，或者磕磕巴巴的，让人摸不着头脑。如果这样，还不如什么都不说。听人说话的时候，你可以趁机整理思路，以便在能插上话时流畅地表达出自己的观点。

5.说话时要把握节奏，不能叽里呱啦说个不停，中间没有一点间隔，也不能停顿时间太长，后面的话还没等说，大家就已经忘了你之前说什么了。

○ ○ ○ ○ ○

第六章

饭局上怎么谈正事

第一节　求人办事，什么时候开口

想在饭局上求人办事，最佳的开口时机有两个：第一个是在饭局进入高潮阶段，对方情绪最高涨时；第二个是趁饭后送别时，找个机会跟对方单独聊聊。

先来说第一个开口的时机。酒过三巡，菜过五味，一场饭局便进入了高潮阶段。这时候，大家的情绪最高涨，如果你有事相求，这是开口的最佳时机，千万不能因为抹不开面子而错失良机。怎么开口呢？你可以巧妙地引起话题，并慢慢地把话题往你想办的事情上靠，不能转得太急，那样就显得生硬了。注意，关于你的目的，说得不宜过多，点明就够了，可以多说一些跟这个目的有关联的话题，以便让客人加深印象，这对达成目的有辅助作用。在饭局上求人办事不能太心急，你得随时察言观色，一看情形不对，就赶紧用敬酒这招来缓和局面。如果对方已经沉下脸来了，你还不停催促"请你帮帮忙，帮帮忙"，一心只想着自己的事，就很容易引起对方的反感和嫌恶，最终的结果可想而知。

再来说第二个开口的时机。求人办事时，如果在饭局上已经说过，可对方当时没有明确表态，那就应该把握饭后的机会，跟对方单独聊聊，争取把事情敲定，或者得到对方的准信儿。

想在饭后开口求人办事，具体怎样操作呢？

你可以趁着送客时，跟对方说："时间还早，如果您不介意的话，我想请您去附近的茶馆坐坐，有点事儿想跟您再聊聊。"如果对方不想去了，大概会说："我还有事，得早点回去。你有什么事儿就直说吧。"这时候，你不妨接过话头，把自己的事再仔细说一遍。

也许有人觉得，可以借送对方回家的机会说事。这个方法也不是不行，但要注意，回家这段路程如果很短的话，你的事情说得完吗？再一个，如果人家有司机给开车的话，有第三个人在场，你们说话方便吗？争取饭后独处的机会，时间越充裕越好，而且旁边还不能有第三人，尤其是当你求办的事情很大、很难办时，仓促间仅凭短短几句话是搞不定的。

如果对方明确回绝你了，该怎么办呢？

有求于人的是你，人家答不答应，你都得接受。没办法，谁让主动权在人家手里呢！不过，既然已经开口了，不妨再多说几句好话，让对方再想想办法。也许对方看你言辞恳切，就心软了呢。如果对方还是无动于衷，那我们就别再强求了，你可以很有风度地对他说："既然你这么为难，那我就不勉强了。没关系，我自己再想想办法吧！谢谢你今天能赏脸过来！"这样说话，主要是为日后的相处做铺垫。人家肯来参加你的饭局，就是有意与你结交，只不过你求的事可能对他来说太棘手了。这次的事情办不了，他多少会觉得欠了你一个人情。有时候，请客吃饭其实就是为了送对方一个人情。英国著名玄学派诗人约翰·邓恩曾说："每一种恩惠都有一枚倒钩，它将钩住吞食那份恩惠的嘴巴，施恩者想把他拖到哪里，就能拖到哪里。"这句话把施惠者和受惠者之间的关系描绘得入木三分。人情如同一张大网，世人都无法摆脱它。但凡懂得人情世故的人，吃了你的饭，又没为你办事，心里多少是会有些亏欠的。也许你下次求他别的事情，他很痛快就答应了。

第二节 求人办事的几个技巧

在饭局上求人办事，毕竟是自己有求于人，所以有的人总觉得像是"矮人半截"似的，其实大可不必有这样的想法。人情是有来有往的，这次你求人，说不定哪天人家也会来求你。在开口求人时，只要掌握一些技巧，即便不以卑微的姿态示人，对方照样能够欣然应允。

为了增加胜算，这里介绍几个在饭局求人办事的小技巧：

1. 在饭局上求人办事，语气要委婉，让人感觉你只是想跟他商量一下。一上来就直奔主题，在对方看来，你可能只是想利用他，从而产生反感。目的性太强，急于求成，会导致你的事情办不成。高明的做法是：酒过三巡，在大家情绪高涨之际，以一种委婉的方式说出自己的想法。用商量的语气，是为了给双方都留有余地。请人吃饭，是向对方传达一种"你不是外人，是自己人"的信息，表示你们之间关系亲密。既然关系亲密，就不能太势利，一上来就急着说事，而是要先吃好喝好。如果对方表示事情难办，或者办不了，那就接着喝酒，这样也不会损伤彼此的颜面。

2.软磨硬泡。这个词乍一听好像有点"死皮赖脸"的味道，其实换个角度来理解，它的实质是要"精诚所至，金石为开"。求人办事，死皮赖脸或无理取闹当然是不合适的，我们要做的是拿出足够的耐心和韧劲儿，力求感动对方，进而达成目的。用软磨硬泡这一招时，你可以不厌其烦地笑脸相向、调用幽默，让对方不好意思拒绝你，也可以眼泪汪汪、苦苦哀求，让对方同情你。最后要记住一条禁忌：别因为对方拒绝，就跟人家撕破脸。

3.利用同理心。求人办事时，如果对方面露难色，不妨利用同理心，站在对方的角度考虑问题。当对方感受到你的真诚和善解人意时，会更容易在心理上与你拉近距离，更愿意对你施以援手。善于交际的高手在求人办事时往往会替人着想。他们能够在交流中发现对方的需求，也就是事情的突破口，进而满足对方的需求。对方的需求如何满足呢？答案是摸清对方的性格喜好，然后避其所忌。只有做到这一点，你的事情才有望办成。

4.用"双赢"来打动对方。想要让别人尽力帮忙，没有什么理由能比"双赢"这一点更有说服力了。在说服对方的过程中，要让对方发现，你求他办的事不管是对他还是对你都有利，他才更愿意出力。让对方把你求他办的事看成是寻求共同利益的过程，这才是高招。

5.在请客的同时，不妨再送点礼物。想在饭局上求人办事，有些"心意"或礼物最好提前准备好。就算对方在饭局上态度暧昧不清，或者直言办不了，心意该送还得送。你在饭桌上求人办的事不可能是小事，如果是小事，犯不着特地请人家吃顿饭。之所以要安排人家吃一顿，也说明你们之间的关系还没好到你打个招呼，人家就能为你尽力的份儿上。所以，不要指望仅凭一顿饭或者一点心意，人家就能答应帮你办。即便你的饭局安排得再完美，心意送得再恰当，事情也有办不成的可能性。这一点，你在请客之前就要做好心理准备。虽然我们得讲究"付出与回报要成正比"，但所谓的回报，不一定是近在眼前的。很多时候，我们得把眼光放得长远些。一次不成，还有下次，下次不成，还有下下次。对自己有利的事，值得我们一再去争取。只要联系不断，你跟那个人之间的关系就会慢慢熟络起来。等你们之间的关系亲近了，有什么好事情，他自然会优先想到你。当然了，我们也不能排除有的人只想拿好处，不想为你出力办事的情况。对于这种人，顶多两三次交往下来，你心里就有数了，所以即便吃亏也有限度，看清以后早点远离他就是了。

求人办事时，还要注意几个问题：

1. 不能同时求很多个人去办同一件事。尤其是在同一张桌上跟好几个人说出自己想办的事，然后让大家都出力帮忙。至于其中的原因，主要有以下几个：其一，别人知道有好几个人帮你办一件事，他可能就不会太尽力了，因为他会想，这件事就算我不办，还有别人办呢。如果你拜托的几个人都有这个想法，最后事情肯定办不成。正所谓"三个和尚没水喝"，就是这个道理。其二，帮人办事能显示一个人的"能量"，你相信他有"能量"或者"能量很大"，对他是一种肯定。但如果你同时找了好几个人，会让人觉得你认为他"能耐不够大"。有这种想法，他还会尽力帮忙吗？

其三，每个人都有自己独特的办事方式，好几个人同时去办一件事，反而容易彼此干扰，没有效率。其四，从你自己的角度来看，求人办事可不是动动嘴皮子那么简单的，不管办成办不成，你都得有所"表示"。求一个人和同时求好几个人，所需的成本相差很多，这一点你不能不考虑。因此，求人办事妥当的做法是，在自己的圈子里检索一下，看看哪几个人有能力帮你解决问题，再从这几个人里选一个最合适的。

2. 不能只在有求于人时才请客吃饭。我们应该把请客吃饭当成是一种维系和拓展人脉的常规手段，而不能只在有事相求时才"临时抱佛脚"，指望通过一顿饭就搞定一个人，让人家去帮你办事。"现用人，现交人"的做法会让人觉得你很功利。一旦给人这种感觉，人家就会觉得你可能会干出过河拆桥的事来，所以不但不敢帮你办事，说不定还会从此离你远远的。

3. 不可功利心太强。通过请客吃饭来求人办事，人家有可能答应，也有可能不答应。因此我们做东时要有心理准备，不能指望人家跟你吃了顿饭，就一定会帮你办事。如果功利心太强，很容易遭人反感，让人觉得你只是想利用他或攀附他，导致别人对你心生戒备。

第三节 在饭局上怎么谈生意

很多人在谈生意时不喜欢在办公室里谈，而是喜欢在酒桌上谈。饭局如同商业合作的试金石，能否合作，一顿饭吃下来，心里就大致有数了。如果你想跟别人在饭局上谈生意，该怎样做才能促使生意谈成呢？

1.注重自身形象。想在饭局上谈生意，一定要注意自身形象。衣着打扮要整洁得体，言谈举止要恰如其分。你留给客户的第一印象很重要，会直接影响你们之间的合作。跟客户喝酒，应该大大方方，有礼有节，不能扭捏，也不能试图耍小聪明。

2.先聊生意以外的事。虽然你的目的是谈生意，但在饭局上谈话时，最好别心急，先把跟生意有关的话题放一放，聊聊别的话题，比如兴趣爱好、对某些事物的看法等。当你和对方有共同的兴趣点，或针对同一件事产生强烈共鸣时，就会越聊越起劲儿，越聊越投机，进而产生一见如故、相见恨晚之感。随着了解的深入，对方对你的信任感逐渐增强，你再慢慢把话题引到生意上，这样通常会取得水到渠成的效果。

3.抓住客户在意的关键点，才能事半功倍。生意合作往往建立在对人信任的基础之上。你开出的条件如何还是其次，你这个人是否靠得住，才是对方最看重的。如果对方觉得你不可靠，就算你开出的条件再诱人，恐怕也很难达成合作。说起谈生意，人们注重更多的是这个"谈"字。达成合作是最终目的，至于中间具体怎么谈，不同人有不同的策略。但不管采取什么策略，前提都是要抓住客户在意的关键点。有的客户注重产品质量，有的客户注重合作伙伴的诚信度，有的客户则注重感情。摸清客户在意的关键点是什么，你谈起生意来，才能事半功倍。

4.别向对方传递负面信息。在饭局上与生意伙伴交流，要时刻注意自己的一举一动。交流其实是一个传递信息的过程。在相互交谈中，你与对方一样，都想掌握更多信息，比如这个人靠不靠得住，他对待朋友、生意态度如何，等等，因为对于生意往来，这些信息都很重要。因此，在饭局上谈生意的时候，你一定要注意自己给对方传达的信息是不是正面的。如果你给对方传达的都是正面信息，对方会更倾向于信任你，这样一来，你们之间的合作就会顺利得多；如果你给对方传达的都是负面信息，对方就会怀疑你，你们之间的合作也八成会告吹。

5.当对方犹豫不决时，不妨用激将法来促使对方做出对你有利的决定。俗话说"请将不如激将"。激将法，是指不按常理出牌，以剑走偏锋的方式取得出人意料的效果。在饭局沟通中使用激将法，一要讲究对象，二要运用方法。

先说激将法的对象。相对来说，把激将法用在一个爱面子、好胜心强的人身上，更容易取得好的效果。反之，若用在自卑怯懦的人身上，只会让对方心理受挫，从而对你更为抵触。

至于激将法的运用方式，主要有以下三种：第一种是由此及彼。通过刺激，来使对方站在你的角度进行思考，从而真正理解你的处境。第二种是正话反说。这种方式主要是利用人的逆反心理，在说话时故意扭曲原意，用激将的语气使对方按你的意愿去做。第三种是讥讽或贬低。用适当程度的讥讽或贬低之语，来激起对方的嫉妒心、好胜心或荣誉感。比如："你是不是不敢喝，怕回去挨老婆骂呀？"听了这话，相信很多男人都会倾向于用行动来表示自己可不是个怕老婆的人。

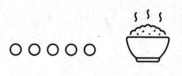

第七章

饭局聊天中的微妙之处

第一节　场面话怎么说

所谓"场面话"，是指一个人在某种场合下所说的能让别人高兴的话。在饭局上，大家互相说些场面话，能让气氛更和谐，也能让人与人之间的距离迅速拉近。很多交际高手的一项必不可少的技能，就是会说场面话。

下面总结了饭局上几种比较典型的场面话桥段：

1.客人该怎么跟东道主说场面话？

在饭局上，客人要对东道主说几句场面话。这类场面话，主要是表达谢意和赞美。比如说："谢谢您盛情相邀，我深感荣幸。""这家餐厅很高档，您真有品位。""这家的菜真不错，色香味俱佳。"东道主听了这样的话，能不高兴吗？

2.陌生人之间的场面话该怎么说？

关于这个问题，有一个比较经典的例子可供借鉴：在一场饭局上，有两位互不相识的客人，其中一位客人 A 手里握着冰啤酒，另一位客人 B 主动上前跟 A 握手。A 放下酒杯，与 B 握了手。B 笑呵呵地问 A："你的手怎么这么冷？"听 B 这么一问，A 有些慌乱，刚想指着面前的酒杯做解释，只见 B 摇摇头，说："你不用解释，只需说'我的手虽冰冷，但心却炽热'就够了。"B 这句话道明了场面话的一个实质，那就是：很多时候，提问的一方并不在意答案，而另一方也无须作答，无非是两个陌生人没话找话，借此混个脸熟罢了，所以只要找些能让对方高兴的话来说就够了，不用那么认真。彼此相熟的朋友之间根本无须场面话，因为就算两人什么都不说，也不会觉得尴尬。但如果是场面上遇到的陌生人，那就不同了。总不能从开头到结束只说"你好"和"再见"就完了，中间的空当总要找点话去填补一下，才不至于让场面太冷清。在这方面，饭局高手通常都有很出色的表现，让彼此度过一段轻松愉快的时光。而不善此道的人，则只能一味堆笑，或者如受刑一般，苦熬一段漫长的时光。

3. 别人有求于你时，场面话怎么说？

在饭局上，有时是你求人办事，有时则是别人求你办事。当别人求你办事，而你觉得为难时，怎么回应才不会让彼此尴尬呢？

第一种方式，用模糊的话应答。如果你碍于对方的身份，或因其他缘由很难当面回绝时，可以用模棱两可的话回应，既不明确答应，也不明确拒绝。比如："这件事我会好好考虑一下，过几天答复你吧！"或"这件事我没有把握，试试看吧！"这是一招缓兵之计，不当面回绝，给对方足够的颜面，也让自己日后方便找借口拒绝。

第二种方式，以真诚的歉意表示拒绝。比如说："这件事我有心无力，帮不了你，真的很抱歉。"在言语中表明自己有心帮忙，但无奈能力有限。把责任归咎于自己，给对方一个台阶下，他就不会感觉太难堪。

第三种方式，在拒绝的同时，给对方一个充分的理由。你给出的理由不能太敷衍，而应该有逻辑，足以自圆其说。

第四种方式，退而求其次，或略作弥补。退而求其次，指的是对方的请求你很难全部满足，可以满足其中的一部分，让对方觉得你已经尽力做了自己能做的。至于略作弥补，指的是对方的请求你完全没办法满足，可以在这件事以外的事情上帮点忙，为他做点什么，不至于让他太失望。

别人提出某种请求时，你连声答应："好好好，我一定尽力办""这事儿包在我身上""有什么难处尽管来找我"……诸如此类的，很多时候都是场面话。为什么有时候自己明明办不到，还要答应对方呢？原因主要有三个方面：一是迫于人情上的压力，二是不想让场面太难堪，三是暂时摆脱对方的纠缠，日后再慢慢想办法推掉。场面话是在某种特定场面时才说的，那些话未必符合你的本心，有时对方也知道你是"言不由衷"的，但是没关系，只要听到的人感到高兴，这就足够了。

第二节　如何判断他人说的是不是场面话

对于场面话，你不仅要"能说"，还要"会听"。在某些特定场合下，有的人说的场面话，是不能当真的。例如有个人在公司默默无闻地干了十几年，一直都没有升职的机会，最近总算等到有个主管职位出现空缺，而自己资历和条件也都符合，就想请部门总监吃个饭，顺便求他考虑考虑自己。席间，部门总监拍着胸脯保证道："放心吧，这件事包在我身上！"听了这话，这位下属心里总算有了底，乐呵呵地回去等消息了。结果等了一个多月，一点消息都没有。这位下属给总监打了几次电话，每次总监都闪烁其词，没说行，也没说不行。又过了一段时间，下属才知道，那个主管职位已经被其他人给占了。下属百思不得其解，继而又感到气愤：领导明明在饭局上拍着胸脯跟我保证过，怎么能说话不算话呢？

相信大家已经看出来了，其实那位总监说的只是场面话，而下属却把他的场面话当真了。很多类似的经验都表明，对于别人拍着胸脯保证的话，我们不能抱太大希望。你说的事，别人一口答应，但言辞模糊，模棱两可。

这时候，你要心里有数，事情办起来可能并不会像他答应时那样爽快顺利。

怎样才能判断别人说的是不是场面话呢？这个并不难。当时不好判断的，可以在事后找机会验证一下。当你发现对方言辞模糊，或者有意避开你，那基本就可以断定他当时说的是场面话，不可当真。

总而言之，在饭局上跟人打交道时，我们应该保持清醒和冷静，不能因为别人夸了你几句就忘乎所以，也不能因为别人向你保证了什么就信以为真。

最后还要告诫各位一句：当你听出对方在说场面话时，最好别去戳破。比如在饭局上，有人对你说："好久不见，你看起来好像瘦了些。"或者"你越来越漂亮了！"你多半会客气地回复一句："谢谢关心，我还好吧！"或者"谢谢夸奖，你可真会说话！"这时候，深究对方所说的问题就不太合适了。比如追问对方："有那么明显吗？你看我瘦了几斤？"或者"我哪里变漂亮啦？"如果对方说的是真心话，那么他可能会就你的问题深聊几句，但如果他说的只是场面话，那被你这么一问，他可能就会有些尴尬，含含糊糊地应付过去。由此可见，对于场面话，与其去戳破，不如一笑置之。

第三节 如何赞美，别人更受用

在人际交往中，每个人都有与他人建立良好关系，得到他人认可和尊重的愿望。对于赞美的渴望源于人的本性。你的赞美能使对方增强自信，同时也能拉近彼此的距离。所以，在很多人际交往场合，多说些赞美的话总是没错的。不过，赞美别人也是要讲究技巧的，只有赞美到了"点子"上，别人才能受用。那么该怎样表达，才能算赞美到"点子"上呢？

1.夸人减龄。每个人都喜欢听别人赞美自己，哪怕明知对方讲的是场面话。中年人或多或少都有些惧怕衰老，渴望年轻，因此在饭局上赞美一个中年人显年轻，是一种很讨巧的沟通方式。把一个人的年龄适当往小了说，会让对方在心理上获得很大的满足。比如夸一个四十多岁的人看起来像二十八九岁，或者一个六十多岁的人看起来顶多五十，都会让对方感到开心，从而愿意跟你多交流几句。夸人减龄，也有两点需要注意的地方。一是减龄的幅度不能太夸张，比如说一个六十多岁的人看起来像二十出头，这就太离谱了，对方肯定不会相信，还会觉得你言不由衷，太虚伪了。二是夸人减龄的对象应该是中老年人，年轻人和孩子往往对年龄的问题并不敏感，甚至可能希望自己显得更成熟些。

2. 把话说到对方的心坎上。对于大部分男人来说，最在乎的无非就是事业上取得的成就。大部分女人最在乎的，往往是自己的外貌。所以，赞美一个男人在事业上多么了不起，或者赞美一个女人容光焕发，或驻颜有术，对方通常都会很高兴，并愿意跟你继续交谈。当你对一个人的真实情况有所了解，并由衷表达赞美时，对方才受用，你的赞美之词才算真的说到了对方的心坎上。反之，如果对一个人的真实情况并不了解，就胡乱吹捧一番，对方可能根本就不领情，还会觉得你阿谀奉承，居心不良。因此，在赞美一个人之前，要摸清楚那个人的真实状况。这里所说的真实情况，通常是指那个人最在乎什么事。

3. 恰如其分。人人都喜欢听赞美的话，但说赞美的话要恰如其分，才更能打动人。完全不切合实际的赞美，不但不能让人高兴，反而容易让人产生反感，惹出麻烦来。就拿赞美女人来说吧。女人通常都在意自己的容貌，这不假，但如果有的女人很有自知之明，认为自己算不上漂亮，甚至很丑时，你还违心地夸她漂亮，那不是给她添堵吗？其实女人除了漂亮以外，可夸的地方有很多，比如性格开朗啦，身材好啦，有智慧啦，贤惠啦，有生活情趣啦……男人除了事业有成以外，也有很多值得夸赞的点，比如正直、善良、稳重、讲义气、有主见、有魄力……所以，我们不能总盯着女人的漂亮和男人的事业有成去无脑地乱夸。另外，这里所说的恰如其分，还包括赞美他人时要分对象。不分对象地胡乱赞美，别人非但不会领情，还会觉得你有讥讽的意思。比如你用学识渊博、文学水平高这类话去恭维一位商人，或者用沉稳老练、有决断力这类话去恭维一个小姑娘，尽管这些都是赞美人的话，但显然都用错了对象。

4. 让对方与一个了不起的人并列。赞美一个人的时候，让他与某个领域内鼎鼎大名的人物并列，有意抬高他，以显示他在你心目中的重要地位，那对方想不高兴都难。

需要注意的是，即便你的赞美是真诚的、发自内心的，也应该适可而止，夸起人来没完没了，也会让人感觉索然无味。

第四节　如何捕捉和回应他人的"弦外之音"

　　中国人说话往往讲究"委婉的艺术"，有的事情不便直说，或者不能说"透"，只能通过语音、语调等方面的信息来传达言外之意。有这个缘故在，就要求倾听者掌握听懂弦外之音的技能。俗话说："听话听音，锣鼓听声。"我们听人说话，不但要听表面意思，还要听懂对方的弦外之音，不能像听锣鼓那样，光听个热闹就够了。只有听懂了弦外之音，你才能猜出对方的心思，与他人之间有效地沟通互动，少走弯路，抓住要害。

　　怎样才能听懂别人的弦外之音呢？方法如下：

　　1.通过对方引起的话题来判断。比如跟老板吃饭时，他总提起工作上的事，那么身为下属的你该如何回应呢？既然老板在吃饭时都提起工作，那就说明他对这件事很挂心，连吃饭时都放不下，下属自然应该为老板分忧，多说说怎么改进工作方法、加快进度之类的，让老板感受到你的贴心和积极上进。再举个例子，有人明明对互联网方面的事并不了解，却喜欢在饭桌上大谈"元宇宙""区块链"之类的话题，这说明此人喜欢炫耀，想让别人夸他博学，有见识。对于这种情况，你如果想跟他拉近距离，就夸他两句，不想多跟他接触，就静静听着，偶尔点个头略作回应就是。

2.通过对方的语速变化来判断。如果一个人说话时语速均匀，没有明显的快慢变化，说明此人情绪平缓，通常是在陈述一件事实，或者讲一个故事。一个人说话时语速突然放缓了，这表明他心里有些拿不定主意。如果此人是你的客户，那么这时候你就要赶快采取行动，打消他的顾虑，促成合作。如果一个人起初说话语速正常，后来突然语速加快了，说明他的情绪发生了变化，而且很有可能是愤怒、激动的。这时候，不管他说话的对象是不是你，你都要打个圆场，避免对方情绪进一步恶化，造成不可收拾的局面。语速突然加快还有另一种可能性，就是那个人在说谎，或者在试图掩饰什么，之所以加快语速，是为了避免被别人捕捉到漏洞，进而戳破他。

3.通过对方的语调来判断。突然升高语调，通常是情绪激动的表现，说话的人是想通过这种方式来造成一种压倒对方的气势，而突然放低语调，则通常是想说一些不想被太多人知道的秘事。

4.通过对方的语气来判断。判断语气并不难，陈述、疑问、反问、感叹……这些语气都代表什么，相信大家在上语文课时早就学过，这里就不赘述了。

5.通过对方语言中的标志性词语来判断。语言的功能不只是表述事实，还有传达情绪。通过一些标志性词语，我们能判断一个人在说话时的情绪。比如"总是""他们都说""千万别"这类标志性的词语，很多时候都有表达情绪的成分。举个饭局上常见的例子。有人对你说："我发现我敬酒时，你总是最后一个举杯的。"这句话明显就是在传达情绪。什么情绪呢？他对你的行为不满，觉得你跟他喝酒不情不愿，不尊重他。也许你发现自己并不是每次都最后一个举杯，那他为什么要说"总是"呢？多半是你不经意间显露出不愿意或者不耐烦了，所以他才对你不满的。感受到对方的不满情绪后，你就该判断出对方期待你做什么，然后再采取相应的行动作为回应。那么对方的期待是什么呢？当然是想让你对他尊重些。那么如何回应他才好呢？比较恰当的回应是："是是是。得亏你提醒，要不然我连扫了大家的兴都不知道。我喝得有点多了，所以动作总是慢半拍，该罚！你看该怎么罚？"

当你通过别人的弦外之音察觉到他对你有不满情绪时，该怎么回应，其实是有套路的。套路就是：

第一步，对他人需求的合理性表示肯定。如上述例子中的"是是是。亏得你提醒，要不然我连扫了大家的兴都不知道。"通过连声说"是"，来表达你感受到他的不满了，同时也意识到自己做得不够妥当。另外再通过"得亏你提醒"这样的话来表明你对这件事的正面理解，传达善意。

第二步，如有误会，须澄清误会。如上述例子中的"我喝得有点多了，所以动作总是慢半拍"。通过这样的解释，让对方明白：你并不是不想跟他喝酒，也不是不尊重他，之所以慢吞吞的，是因为受了酒精的影响。

第三步：提出一个积极的解决方案。如上述例子中的"该罚！"通过认罚来进一步表明自己对他需求的认可，同时给足他面子。

第四步：以一个开放式的句式结束。如上述例子中的"你看该怎么罚？"把主动权交给对方，也是给足他面子的表现。

另外还要提醒一点：当你听懂了对方的弦外之音后，最好留白片刻，再做回应。这样做是为了给自己留一点思考的时间，同时也向对方表明你有认真思考他的话。如果不留空白，马上回应，会给人一种你想跟他争论的感觉。

第八章

席间怎样与人和谐相处

第一节　如何与陌生人拉近距离

俗话说："万事开头难。"与一个人从陌生到熟悉，可不是件容易的事。人的自我保护意识与生俱来，尤其在不熟悉的人面前，人总是比较警惕，不敢轻易表露自己。为了保险起见，很多人会选择缄默不语。可如果大家都这样的话，那饭局的气氛岂不是太沉闷了？我们之所以参加饭局，目的是利用饭局与更多人交流，拓展人脉。为此，适时打破沉闷的局面，快速与人拉近距离，以便进行更多的交流，这是非常有必要的。

这里给大家总结了几个与陌生人拉近距离的方法：

1.提双方共同的朋友。面对陌生人的接近，人多少会有点防备心理。所以，你要先让对方卸下防备。想让对方卸下防备，有个比较常用的方法，就是提你们共同的朋友。俗话说："朋友的朋友，也是朋友。"让对方知道你跟他的朋友关系也很好，那么你们之间的陌生感和距离感顿时就会缩减许多。

2.攀老乡。中国人的乡土观念是很重的，其中最突出的一个表现就是：

离家在外的我们会在遇到一个老乡时倍感亲切。在乡土观念的影响下，老乡之间会形成一种凝聚力，导致他们可聊的话题更多。利用同乡观念去与别人攀关系，通常都会取得立竿见影的效果。

3. 就地取材，以当时当地的某样事物为引子，开启你们的谈话。这种即兴引入的方式既亲切，又自然，对方一般不会有什么戒心，能很放松地开始跟你交谈。

4. 借请教为由，让一位专业人士说说自己所属领域内的事情。每个人对于自己所擅长的事情，可说的自然比较多。比如你知道对方是个生意人，就可以先祝他生意兴隆，然后请他聊聊做生意的心得或秘诀。

5. 找到对方身上的亮点，以"赞美 + 请教"的套路开启谈话。比如先赞美某位女士容光焕发，然后顺便请她聊聊护肤心得，或者赞美某个人身材好，顺便跟他谈谈怎么健身，这些方法都能取得不错的效果。

6. 说点个人的小私事。有时候，说一点个人的小私事，能有效拉近你与他人的距离。你可以说一些家庭琐事，比如孩子调皮，喜欢惹是生非，导致自己被老师叫去训话。说完之后，你可以顺势问问对方的孩子乖不乖。如果他的孩子也很调皮，你们就有共鸣了。如果他家孩子很乖，你可以向他请教一些教育孩子的方法。这样一来，你们之间就有话题可聊了。你还可以说一些发生在自己身上的无伤大雅的糗事。每个人在生活中都会或多或少地遭遇窘境，这种话题会让人感觉你很接地气。同时，能在人前云淡风轻地谈论自己的窘迫，也说明你这个人开朗乐观，很有自信。谁会不喜欢跟有正能量的人交谈呢？

　　做任何事情都有第一次。与陌生人交谈，是我们身处交际场合所必须面对的一个问题。处理好这个问题，对我们今后的人际交往有很重要的作用。视情况去运用上述几种方法，相信你能很顺利地开启与他人之间的沟通之路。

第二节 遇到令你不快的人怎么办

参加饭局的人形形色色，性格习惯各不相同，有时难免会遇到一些让你感到不快的人或事。这时候，不管你是客人，还是东道主，都应该压住火气，别太较真。能低调处理、息事宁人是最好的，否则把事情闹得不可收拾，一场好好的饭局不欢而散，就失去我们参加或组织饭局的初衷了。那么遇到令人不快的事情，该如何应对才好呢？针对几种常见的情况，我们来具体说说：

第一种，喜欢炫耀，但却说话漏洞百出的人。有的人喜欢在众人面前卖弄学问，长篇大论，俨然一副"专家"模样，实际上呢，他说的话漏洞百出。如果你不喜欢听，大可假装客气地点点头，"嗯"一句也就是了，可别太较真，当众戳破他，让他出丑。

第二种，一到饭桌上就大吐苦水的人。有的人喜欢在饭局上"卖惨"，喝了几杯酒，便找人大吐苦水，而且通常没完没了。遇上这种人，你别眉头紧蹙，或者语气生硬地打断他。喜欢吐苦水的人多半是脆弱而敏感的，要是让他看出你对他不耐烦，他很有可能心生怨念。如果他将此视为一段不愉快的经历，在其他场合说给别人听，让别人以为你是个没有同情心、傲慢无礼的人，那对你是很不利的。如果你完全不想跟这种人打交道，那就别跟他的目光对视，也别搭话，以免被他缠住。如果你不忍心置之不理，可以在交流时采用疏导的方法。在他大吐苦水的过程中，你可以用"后来呢？""那你打算怎么办？""你有没有想过……"这类话来控制话题的走向。这样既能让对方的情感得到发泄，又能提醒他适可而止。

第三种，喜欢在酒后教训人的人。有的人几杯酒下肚后，就喜欢摆架子，教训人。这种人通常仗着自己的辈分或职位高，训起人来一点面子都不给人家留。不管你是被训的，还是旁观的，遇到这种情况，最好的办法只能是暂时忍气吞声。千万不能撕破脸，把场面弄得不可收拾。如果实在不吐不快，可以在饭局结束后找个合适的机会解释或调停。

第四种，喜欢搬弄是非的人。有的人喜欢在背后搬弄口舌是非。常言道："来说是非者，便是是非人。"碰上这种人，缄默不语、敬而远之才是明智之举。你贸然发表的看法，很可能会被这种人记下来，日后到处去说。在他"搬运"的过程中，你的原话可能已经面目全非了。

在饭局上，如果有人在你面前搬弄口舌，论人是非，你该怎样应对才好呢？

策略一，沉默是金。任何涉及与自己利害相关的人和事，都不予回应，不发表评论，这样才不会给人留下把柄。如果不得不说点什么，做点什么，那就说两句无关痛痒的场面话，或者装作热情的样子劝他多吃多喝，用酒菜来堵住他的嘴。

策略二，一笑置之。有时候，别人谈论的是非可能会涉及你，比如传话说某个人背后说你坏话，或者对你使坏之类的。面对这种情况，我们最好是一笑置之，让说是非的人以为你并不在意，他也就没兴趣继续说下去了。事后，我们最好也别去找他说的那个人对质。为什么呢？因为在只凭一面之词，证据并不充分的情况下，与人对质只会惹是非，万一经证实，发现纯粹是子虚乌有，那不是显得你很冒失，很没脑子吗？退一步来说，即便是真的，人家既然没有当面跟你说，就是不想撕破脸，你又何必主动去撕破脸，给自己招惹麻烦呢？

策略三，转移话题。当说是非的那个人在你面前滔滔不绝，无休无止，你一直默不作声地听也不是个事儿，总得想办法让他闭嘴才好。面对这种情况，最好的办法就是见缝插针，借机转移话题，把话头引到别的事情上去。

策略四，借故离开。如果你实在听不下去，不妨借口要打电话，或者去卫生间，以此为由，逃离一阵子。等你回来的时候，那个人说不定已经转移目标，或者识趣地不再说下去了。

策略五，好言相劝。在人背后说是非很不道德，但是，对于陌生人，我们无法短时间内帮他提升道德层次，所以最好的办法就是不予管理。但如果那个说是非的人是你的朋友，你总不能置之不理吧？这时候，我们应当及时劝止，才算"够朋友"。需要注意的是，即便对朋友，劝止也要适可而止。否则对方非但不领情，还会因此怨恨你。

　　总之，面对令你不快的人或事时，身为客人，我们应该为东道主考虑，既然是冲着东道主的面子来的，我们就应该在遇事时多加思考，不要因为一时之气而砸了东道主的场子，让他为难。身为东道主，那就更得多包容、多迁就了，不能因为一点小小的不愉快，就让在场的客人们扫兴，让自己的一番好意付之东流。

第三节 注意分寸，和谐相处

在饭局上与人聊天时一定要掌握分寸，不能毫无顾忌，否则影响别人对你的印象不说，有时候还容易得罪人。

聊天时要掌握哪些分寸呢？

1.不可交浅言深。在饭局上，我们可能会遇到那种让你感觉"一见如故"的人。一高兴起来说话全无顾忌，结果就容易犯交浅言深的忌讳。根据很多交际高手的经验，初交时的好感，未必能延续得久。要是因为一时的好感，就迫不及待地跟人家说掏心窝子的话，结果非但费力不讨好，说不定还会惹人嫌弃。比如有时候，别人说想听听你的意见，其实人家只是象征性地客气一下，并没有想深谈的意思。结果有人看不出这一层，非常热心地"指点"人家该怎么做，细致得不得了，这就多余了。

2.不可不懂装懂。当别人就某件事高谈阔论之际，有的人对他们谈论的事情一知半解，或者完全都听不懂，就会产生一种落于人后的感觉。由于这种"不服输"的心理作祟，他便强行加入群聊，借机装腔作势，卖弄一番。这样做的结果往往是贻笑大方。每个人都有自己擅长和不擅长的领域，遇到自己擅长的，多说几句无妨。要是遇到自己不擅长的，懂得"少言"才是上策，千万别逞能。为了要面子而不懂装懂，结果反而会丢了面子。

3. 不可泄露机密。在人际交往中，由于言语不谨慎而导致严重后果的事时有发生。特别是在酒桌上，几杯酒下肚后，有的人稍不留神，就把工作上的机密给泄露出去了。要是被人传出去，轻则受罚，重则连工作前途都丢了，实在是不值当。因此，我们在饭局上一定要保持警惕，就算是喝酒，也要保持几分清醒，嘴上留个把门的。

4. 不要絮絮叨叨地说糟心事。有些人平时就喜欢找人吐苦水，还把这毛病带到饭局上。几杯酒下肚，不管桌上都有什么人，就开始絮絮叨叨地诉说自己那些糟心事。原本大家坐在一起吃吃喝喝，是想度过一段轻松愉快的时光，可这种人说起来没完没了，好气氛全都被破坏了。

5. 不要搬弄口舌，论人是非。不只是在饭局上，在其他任何社交场合，搬弄是非是不受欢迎的。一群人在饭局上，可以多聊些跟主题有关的事，或者说点轻松愉快的，哪样都比搬弄是非好得多。搬弄是非这种行为，说是小人之举或许有点过，但至少是很无聊的，会让很多人心生反感，本能地想要避开或远离。

6. 不要当众揭短。不管是有心，还是无意，当众揭短都不是明智之举。人都是要面子的，被人当众揭短，会严重损伤自尊心。要是对方下不来台，很可能会跟你翻脸，那样谁的面上都不好看，本来好好的一顿饭局，就被搅乱了。正如《菜根谭》中所说的那样："不揭他人之短，不探他人之秘，不思他人之旧过，则可以此养德疏害。"与人交谈时，不要去揭短，这既是为了修养自身的德行，也是为了使自己远离祸患。

7. 不要毫无分寸地开玩笑。开玩笑能有效地活跃饭局气氛，但一定要注意尺度，不能太过分，否则不但不能活跃气氛，反而容易造成尴尬，适得其反。

开玩笑时，你需要注意的有：第一，开玩笑的对象。开玩笑时，要注意玩笑对象的身份，不能随意开上司和长辈的玩笑。第二，开玩笑不能涉及人的隐私、隐疾和机密。虽然关心别人能有效拉近彼此之间的距离，但关心也该有限度。在我们与人交谈的时候，应该回避个人隐私。一般说来，直接询问一个人年龄、婚姻状况、健康状况、收入等，都是不礼貌的。第三，开玩笑的尺度。开同事或同龄人的玩笑，要注意分寸，不能调侃起来没完，也不能让人家下不来台。第四，不要拿关系微妙的两个人或者心思敏感的人开玩笑，以免造成麻烦或误会。

8. 不可说荤段子。有些人喜欢在饭局上说荤段子，觉得荤段子能起到调节气氛的作用，但应避免说荤段子，特别是有长辈、异性或孩子在场时，更不能说荤段子，这容易让人觉得你低俗或者别有用心，对你产生反感。

9. 不可酒后多言、乱开空头支票。酒喝多了精神兴奋，话自然也就多了，这很正常，不过再怎么样，嘴上都要留个把门的，不能毫无顾忌，什么话都说。相信这一点每个过来人都深有体会。在酒桌上答应了别人的事，就应该尽力去办，乱开"空头支票"，失信于人，会严重影响你在他人心目中的形象。

10. 不要说脏话。在日常生活中，你可能会偶尔说两句脏话，但到了酒桌上，可一定要谨言慎行，尤其是有不太熟悉的人在场时，千万别说脏话。说脏话既不自重，也不尊重他人。别人听你说脏话，可能表面上不会表露什么，但心里对你的评价一定会降低。

11. 不可交头接耳，长时间说悄悄话。在饭桌上，相邻的几个人凑在一起说悄悄话，时不时掩口偷笑，是很失礼的行为。偶尔为之，也许无伤大雅，但经常为之，就容易让那些听不到的人产生某些联想，比如认为你在说谁的是非，或者散布谣言，否则干吗不大大方方地说呢？不管人家怎么想，对你都是不利的。

12. 不可嗓门太大，一惊一乍。在饭桌上说话，语气要平和，不可以一惊一乍。有的人可能是想吸引别人的注意力，给自己找存在感，所以在饭桌上说话时嗓门很大，有时还狠拍桌子，甚至摔杯摔盘。在饭局上与人交流，保持一份激情可以理解，但不能毫无节制，影响别人交流，或者给别人造成惊吓。其实引起别人注意的方法有很多，没必要用提高嗓门或者一惊一乍的方式，因为这样反而容易弄巧成拙，让人觉得你粗俗。

第九章

怎样调节饭局气氛

第一节　几个助兴小游戏

如果感觉饭局气氛沉闷，不妨玩一些小游戏来助兴。通常几轮游戏玩下来，本来不太放得开的客人就不那么拘束了。

时下比较流行的饭局小游戏和具体玩法如下：

1.绕口令。人在喝酒之后往往口齿不灵，这时候玩绕口令游戏能制造很多笑话，对活跃气氛非常有好处。一般饭局上的绕口令不能太长，比较适用的有："粉红墙上画凤凰，红凤凰，粉凤凰，粉红凤凰，画凤凰。""盆里有个瓢，风吹瓢摆摇，不知是瓢碰盆，还是盆碰瓢。""化肥会挥发。"最后这个绕口令根据难度不同可分为多个段位，比如第一个段位是"化肥会挥发"，第二个段位是"黑化肥发灰，灰化肥发黑"等，你可以根据当时的具体情况选择不同的难度。

2.叫七。玩这游戏前，首先要知道两个概念，一个是"明七"，另一个是"暗七"。明七，指的是数字中的 7 显露在外的，如 7、17、27……暗七，指的是 7 的倍数，如 14、21、28……这个游戏没有人数限制，参与的人越多越好。

其中一位客人随意说一个10以内的数字，接下来按照顺时针或逆时针顺序，客人们依次说出下一个数字。遇到明七和暗七两种情况时，不能喊出那个数字，要用筷子敲一下，或者说一声"过"。如果喊错，就要接受事先商定的惩罚。有时候，前面那个人明明喊错了，可后面几个人却没察觉，还接着喊。这种情况，包括第一个出错的人在内，之后所有出错的人都要一同受罚。

3. 棒子、老虎、鸡。这个游戏是两个人玩的。两个人面对面坐，用筷子敲一下桌子或杯子，同时任意喊出"棒子""老虎""鸡"或"虫子"中的一个。确定胜负的规则是：棒子遇老虎，棒子胜；老虎遇鸡，老虎胜；鸡遇虫子，鸡胜；虫子遇棒子，虫子胜。如果两个人喊的相同，或者一方喊的是老虎，另一方喊的是虫这类情况，则不分胜负，继续喊。负的一方受罚。

4. 数青蛙。这个游戏的参与者越多越好。游戏的口诀是：一只青蛙跳进水，扑通。两只青蛙跳进水，扑通、扑通……以此类推，青蛙的数量始终与几声扑通相对应。到九只青蛙时，就不再往下数了，而是回到一只青蛙重新开始。说错青蛙只数或扑通声不对的，都要受罚。这个游戏看起来简单，可真正玩起来时，总会有人犯错，所以助兴效果还是很好的。

5. 骰子猜大小。骰子游戏简单好玩，又不费脑子，是从古到今都很受欢迎的一种饭局小游戏。这个游戏的参与者至少需要两人，人越多越好玩。骰子游戏有很多玩法，这里只简单说说猜大小的玩法：猜大小通常用六粒骰子。单个骰子最大为6点，最小为1点。一人负责摇骰，其他参与者猜六粒骰子点数之和的大小。点数之和大于15，则为大，小于或等于15，则为小。猜不中的受罚。

第二节 出现冷场时怎么挽救

善于打破沉默，带动气氛，使大家相谈甚欢的人，无疑是饭局上最受欢迎的。饭局上的气氛要是不和谐，那不管是吃菜、喝酒还是聊天，都提不起兴致来，这对饭局目的达成是很不利的。因此，身为东道主或陪客，应该学习一些调节气氛的技巧，以便在饭局气氛不佳或陷入冷场时能及时挽救。即便是受邀参加饭局的客人，也有必要学习这方面的技巧，以便在陷入尴尬时能自我解围，不让自己难堪。

1.酒菜没上齐时，怎么活跃气氛。在大家纷纷入座、酒菜还没有上齐的这段时间，是最容易出现冷场的。这时候，你可以开个玩笑，活跃一下现场气氛，然后再巧妙地转到这次饭局的主题上。如果你没有控制局面的应变能力，那么最简单的方式，就是直接向大家介绍一个人、一件事或者一样东西。当大家对你的话题感兴趣，你一言我一语地聊起来，自然就不会冷场了。

2.想要避免冷场，得学会没话找话。在饭局上跟陌生人交谈，最忌讳的就是出现冷场。要想避免这种情况，你得学会"没话找话"。虽然是没话找话，你选的话题也要恰当得体，最好能吸引对方跟你聊下去。

3.你的话题别人不感兴趣，这种冷场怎么挽救。当你引起一个话题后，要时刻留心在场所有人的反应，一旦出现冷场，你就得及时调整策略。比如当你发现桌上的人要么三三两两地交头接耳，要么左顾右盼，看着别处时，就该意识到，他们对你的话题不感兴趣。这时你要做的就是赶紧换个话题。当你的话题开始了一段时间，别人开始流露出不耐烦的神色时，这种迹象就提醒你该把话语权交出去了。你长时间霸占着话语权，势必会引起他人的不满。你可以通过问话的方式自然而然地交出话语权。比如找一个跟你刚才话题相关的问题，询问场上有不满情绪的某个人："你觉得呢？"这样做既不露痕迹，又能让他（她）参与到谈话中，消除他的不满情绪。

4.适当照顾一下饭局上那些"配角"的感受。饭局上有主角，也有配角。对于主角，自然要热情周到，但对于配角，也不能冷落，以免对方觉得不受重视，以后不再参与。须知今日的配角，搞不好哪天就会成为你要拉拢的主角呢！当你与主角谈话时，不妨偶尔把目光转向配角，冲他笑一笑，以示亲近；看到配角沉默不语时，不妨跟他交谈几句，哪怕只说一些家长里短的话也好；你还可以时不时劝配角吃点菜，喝点酒，或者主动邀请配角加入你与他人的谈话。

5.学会打圆场。人在酒精的刺激下容易口不择言，要是桌上有人说了不该说的话，导致场面尴尬，甚至剑拔弩张，身为旁观者的你应该上前打个圆场。打圆场一来能缓和气氛，二来能给失言的人一个台阶下，是一种很有智慧的表现。如果你袖手旁观，有时可能会把冲突的双方都给得罪了。打圆场也是要讲究技巧的，如果方法不当，反而会让事态更加恶化。

打圆场时，要遵循两个原则：第一个原则是先弄清缘由，不要盲目劝和。只有清楚冲突双方起争执的原因，再入情入理地进行劝和，才能劝到点子上。要是不清楚原因就盲目说和，可能会导致双方火气更大不说，搞不好还会迁怒于劝和的人。第二个原则是要客观公正，而不是一味地"和稀泥"。有时候，冲突双方谁对谁错并不好判断，这种情况，对双方都说些劝慰的话，或许能起到平息矛盾的作用。但有时候，是非对错是一眼就能看出来的。在这种情况下，前去劝和的人应该秉持客观公正的原则，而不能采用"各打五十大板"的方式，一味"和稀泥"，否则就很难让人心服口服。即便冲突双方当时给面子，不再争执了，事后也会对劝和的人心存不满。

打圆场时，还要讲究一定的技巧。比如：

技巧一，先把双方拉开，再分别劝和。当冲突双方的情绪都很激动的时候，只有脱离近距离接触，才更容易冷静下来。当冲突双方都在气头上时，打圆场的人应该当机立断，找个借口把双方拉开，再与其他人配合，分别进行劝和。

技巧二，插科打诨，分散或转移双方的注意力。打圆场的人要有随机应变的技能，当冲突双方都把注意力集中在争端上时，应该想办法分散或转移他们的注意力。这种方式能让双方迅速冷静下来，避免事态进一步恶化。

事后，即便双方反应过来，也能领会打圆场之人的好意，不会去深究。

　　技巧三，打"感情牌"。不管是请冲突双方念在自己的面子上也好，还是提及冲突双方过去的情谊也好，总之，就是用感情做筹码，让双方停止冲突，继而握手言和。如果冲突双方还算珍惜情谊的话，一般都会选择作罢。

第十章

怎样展示自己

○ ○

第一节　利用自我介绍来展示风采

一般饭局上既有老朋友，又有新朋友。很多时候，人们更倾向于跟老朋友交流，这倒不是因为高傲或者别的什么，而是怕麻烦，不知道跟陌生人该说什么，怎么说。其实，老朋友不也是从陌生人开始的吗？任何一对朋友，都要经历从陌生到熟悉，从熟悉到交心这个过程。我们不能因为怕麻烦，就封闭自己的交际圈，而应该在饭局上多跟陌生人接触。

人与人之间的结交，初次见面时留下的印象非常重要。初次见面时的自我介绍如同一座桥梁，这座桥如果搭得好，你就能直通他人的心灵。通过一段令人印象深刻的自我介绍，你可以结识更多朋友，从而拓展人脉，助你在事业上取得更大的成就。有的人可能觉得："自我介绍不就是向人通报一下姓名吗？这还不简单！"实际上，自我介绍要把握时机，分清对象，注意态度，斟酌措辞，还要掌握一些抓住人心的技巧，这些可不是那么简单的。

1. 自我介绍应该选择什么时机。

人多的时候，介绍人不可能面面俱到，把每个人的详细情况都介绍清楚。

如果介绍人向别人介绍了你，但只有寥寥几句，你觉得不够，可以趁他话音刚落时补充几句。如果你看出有人想对你有更深一步的了解，可以在不影响他人的情况下，与那人深入交流。

自我介绍最好是在两个人第一次见面时进行，如果第一次见面时，你对别人不理不睬，后来才补上，那种"有诚意"的感觉就差很多了。做自我介绍应该选在别人有空的时候，如果人家正在忙，就不要贸然上前打扰，等他忙完再说。

2. 自我介绍时要注意对象。

从跟对方打了照面开始，就要留心观察对方的举动，以此判断他的性格喜好。在年长者和严肃的人面前，你的自我介绍最好规规矩矩的，尽量显示出稳重和尊重。在同龄人和随性的人面前，你的自我介绍不妨带一些幽默的个人特色。

从根本上来说，自我介绍的目的是要给人留下一个印象。因此，我们在进行自我介绍时，应该站在听众的角度来考虑问题，不能自顾自地介绍自己，完全不考虑别人愿不愿意接受你。比如在饭局刚开场时，你就举起酒杯跟大家说："来来来，我是某某某，下面由我来敬大家一杯酒，干杯！"在场的人听了以后，多半会一头雾水，心想："这人谁呀？他是哪边的？凭什么他一敬酒，我们就得干杯呀？"所以，在很多不认识你的人面前，只介绍自己姓甚名谁是不够的。在大家还没接受你之前，你不管说什么，做什么，大家都不会重视。如果你站在听众的角度，猜到他们会想什么，就可以这样介绍："大家好！我叫某某某，是东道主的朋友。今天通过他的邀请来到这里，认识大家，我感到很荣幸。既然我们有东道主这个共同的朋友，那我就不客气，全把大家当朋友啦！东道主酒量有限，而且刚刚已经敬过酒了，我在这里代表他再敬大家一杯。刚刚才喝完一杯，大家这次别喝太急了。我先干为敬，大家随意就好！"这样介绍自己，听众心里才不会有疑惑，才愿意听你的话。

3. 自我介绍时的态度。

自我介绍时，要有自信心。有些人平时伶牙俐齿的，可一到某些场面上，见了陌生人，就手脚僵硬，大脑一片空白，说起话来结结巴巴的，有时候甚至连话都说不出来了。克服这种胆怯心理，在陌生人面前展露自信，是自我介绍时不可或缺的。

自我介绍时，态度要亲切和善。不能一副倨傲的模样，也不能显得很卑微，过分"灭自己的威风"。

自我介绍时，态度要真诚。自我介绍虽说是一种"自我推销"，但这种推销也应该建立在真实和真诚的基础之上，不能过分夸大事实，把自我介绍弄得跟炫耀似的。类似"特别""非常"这种极端的字眼最好别用，以免给人留下狷狂自傲的印象。

4. 自我介绍时该说些什么？

自我介绍时，姓名是必不可少的要素。要是人家连你是谁都不知道，你的自我介绍还有什么意义呢？除了姓名这个要素，为了让对方加深印象，你还可以视情况介绍自己的绰号，自己是做哪行的，哪里人，有什么兴趣爱好等。自我介绍不宜太长，否则就啰唆了，况且别人也未必记得住那么多。

5.通过特别的回答来做自我介绍，能给人留下更深的印象。比如有人询问你的职业时，可以用下面这两种方式回答，既有特色，又容易引起别人的兴趣。

第一种方式，说出自己所从事的职业能给他人带来什么好处。比如有人问你："你是做什么工作的？"你可以说："我是一名理财师。我的追求是帮别人合理消费。"合理消费是绝大多数人都绕不开的一个问题，听你这么一介绍，相信很多人都想从你这里得到一些解决问题的方法，你们之间自然也就不愁没话可说了。

第二种方式，留点疑问，吊人胃口。比如有人问你："你是做什么工作的？"你可以不直接说出自己的职业，而是故意卖个关子，让对方猜："我的工作是给别人扎针。"给别人扎针的职业，可能是护士，也可能是针灸师，或者还有其他的。你不直说，而是给出了一个范围，那么稍微有点好奇心的人都会追问下去。这样一来，你们之间的互动自然就多了。

第二节　幽默可以给人留下深刻印象

幽默给人留下的印象是持久且深刻的。一场饭局散去，人们可能很快就把当时那些逢场作戏的话忘到脑后了，但幽默的话语却能长久留存在心。记住了幽默的话，自然也容易记住说那些话的人。因此，你的幽默换来的不只是一时的瞩目，还是长久的深刻印象。这种印象可能会在日后为你带来丰厚的社交资源，还有什么比这笔投资更划算的？

怎样才能达到幽默的效果呢？以下几个方法可供参考：

1.制造反差感。先说一句范围很大的话，再用范围较小的词语与之形成对比，以此来制造反差。比如古罗马的政治家、哲学家曾说过的："先生们，我这个人什么都不缺，除了钱财和美德。"

2.曲解法。通常是利用汉语的同音、谐音、形近、一词多义等条件来制造幽默。具体运用时，你可以换个角度来对某件事或某句话进行解读，也可以装作没听清的样子，把两件毫不沾边的事巧妙地联系在一起，以此达到一种令人意外的幽默效果。

3.颠倒法。通过颠倒角色、颠倒主语和宾语、颠倒逻辑等方式，给人一种出乎意料的感觉，从而达到幽默的效果。比如把"胸口碎大石"改为"大石碎胸口"，原来那种体魄强健的感觉一下子就变得很凄惨了。

4.反语法。通过正话反说、明褒暗讽或明讽暗褒等方式来达到幽默的效果。比如："他吃饭的速度可真快，还不到两小时就吃完了。"

制造幽默，还有几个需要注意的事项：

1.幽默不能损伤尊严。幽默不可触及人的生理缺陷和隐私，即使你调侃的对象是自己，也不要损伤人格，把自己当小丑。

2.幽默要适度。幽默过了头，也会让人疲倦。

3.幽默要清晰明确，不能引起误会，否则会适得其反。

4.幽默要注意场合。如果有身份高的人在场，一定要慎重，不可贸然说出失礼的话。

5.幽默要抓住时机，时机已过，还强行幽默，那样反而尴尬。

有很多幽默效果是通过说笑话来达到的。说笑话要掌握几个要领，否则效果就会不尽如人意。说笑话的几个要领是：

1.不能提前预告有多好笑。说笑话时，要制造一种"出其不意"的效果，不能在说笑话前透露自己这个笑话有多么多么好笑。比如："我给大家讲个笑话，你们听了以后一定笑翻咯。"这样的话会让听众产生很高的心理预期，即便你的笑话真的特别好笑，效果也会因为你提前的预告而大打折扣。要是没那么好笑，那效果就更不如人意了。

2.自己不能先笑。说笑话时，自己一定要绷住，不能别人还没笑呢，自己先笑了。那样的话，效果可就不尽如人意了。况且一边笑，一边说，也会导致语言含糊不清，让别人听不懂。说笑话的人从始至终都表情平静，语气平淡，却把别人逗得哈哈大笑，这样效果才好。

3.语气要抑扬顿挫。说笑话时，语气要抑扬顿挫，该流畅时流畅，该停顿时停顿，尽可能生动形象地还原笑话中的场景。说笑话的人要对笑话的情节非常熟悉，知道在说的时候哪里该快，哪里该慢。如果笑话里有男女对话，要尽量把男人和女人的声音都模仿出来。这样才能最大限度地增强效果。

4.借助肢体语言增强表现力。在说笑话的同时，不妨加上一些略显夸张的肢体动作，以突出笑点。不过要注意，肢体动作不能多余，恰如其分就好了。

5.突出关键句。很多笑话并不是从头到尾都好笑的，最好笑的往往只是其中的一句话或者一个词。只有把笑点明确地突显出来，笑话才算讲得成功。突出笑点一个最常用的方式就是讲到那里时故意放慢语速。

让领导注意到自己，很有必要

在有领导的饭局上，你应该适当展示自己，不要因为对方职位高，就畏畏缩缩，不敢跟人家打交道。

在饭局上跟领导打交道，首先，要注重礼数。你可以不去溜须拍马，但不能连基本的礼数都不懂。其次，不能曲意逢迎。那些谄媚的心思和招数，领导见得太多也就习以为常了，所以你只需以礼相待即可，过分地逢迎反而容易惹人厌烦。

如果是一群同事跟领导一起吃饭，你该如何展示自己呢？这个要依你的性格而定。如果你是活泼开朗的人，不妨在席间多找些话题带动气氛。爱说爱闹的人自然更容易引起别人的注意。如果你是内敛的人，也不必勉强自己去争表现，或者硬着头皮去跟领导套近乎。总之，有机会展现自己时，应该落落大方，不扭捏。如果没有合适的机会，就保持低调，这样至少降低了出错的风险。饭局上的各色人等就像是一场戏里的各种角色，不可能每个人都当主角，能把配角演好了，也同样出彩。饭局毕竟是一种交际场合，有表现的机会，还是应该"露两手"的。若只是闷着头吃饭，话也不说几句，一点存在感也没有，那就失去交际应酬的意义了，别人也会觉得你孤僻冷傲，不合群。

领导引起话题时，做下属的要积极响应。领导引起的话题，一定是他比较关心的，所以下属应该认真聆听。等领导说完，你可以根据自己的理解，对领导的话做出概括总结，对主题进行一番深化。有把握的话，你还可以提出一些独特的见解，作为小小的补充。对于有深度、有主见的下属，领导自然会多赏识一些。

领导不置可否时，及时闭嘴，或者转移话题。跟领导交谈时，要留意领导的反应，如果对于你说的话，或者问的问题，领导不置可否，那你最好别说或者别问下去了。如果可以的话，尽量找个由头转移话题，以免惹得领导不高兴。精明的下属一般都是先摸准情况才开口的。在没摸清楚情况之前，能不开口还是不开口的好。毕竟言多语失，在领导面前失言，其代价可比平常要大得多。

说话时态度要谦虚，不谄媚。想要接近领导，要讲究方法，不能一味溜须拍马，一脸谄媚样。若为了讨好领导而舍弃自尊，只会惹人厌烦。自信、沉稳、谦虚、智慧，有担当，这才是领导欣赏的样子。

如果没有其他同事在场，有时领导可能会趁机向你套话，这种情况该如何应对呢？

领导平时身居高位，对底下的"民情"不太了解，所以有时会趁着一起吃饭的机会，向下属了解情况（其实就是套话）。这时候，身为下属的你可一定要打起十二分精神来，因为你的回答往往不只关系到你自己，还关系到很多同事的利益。领导向你套话时，你得仔细琢磨领导的神情和语气，尽可能搞清楚他的意图。在没搞清楚领导的意图前，你宁可推脱说"不清楚""不知道"，也不能乱说一通。

跟领导一起吃饭时，千万不要趁机打小报告。领导更喜欢能"解决问题"的人，而不是"制造问题"的人。趁着一起吃饭时打小报告，就属于给领导"制造问题"。当然，如果领导主动问起，你倒是可以反映情况，但一定要实事求是，讲究分寸，万不能添油加醋。打小报告，也就是说别人的"坏话"，这种事不光在领导面前不能干，在同事们面前也不能干。同事间的关系错综复杂，你说的话转过头去就有可能外泄。要是被当事人知道，你可就有麻烦了。

第四节 哪几种表现受大家欢迎

　　饭局之所以在人际关系中起着重要作用，其原因在于，人们酒酣耳热之际，往往感情更丰富、更真实，更热烈，于是就更容易与他人进行深层次的沟通。想求人办事，起初怎么求人家都不肯帮忙，但请他吃顿饭，席间相谈甚欢，人家很痛快就答应帮忙了。也有相反的情况，在饭局上没表现好，惹人家不高兴了，结果本来有希望办成的事也泡了汤。一个人在饭局上的表现，别人都是瞧在眼里、记在心上的。很多时候，你的表现直接影响着事情的成败，所以在饭桌上一定要格外谨慎，不能忘乎所以。

　　想要获得别人的赏识，自身的能力是一方面，多争取表现机会，引起别人的重视，也很重要。那么要展现哪些品质，才更容易引起别人的注意，受到重视呢？如果是男人的话，最好多展示自己的乐观、大度、深沉、坦诚、果敢、自信、幽默、思辨、坚毅以及节制等品质。如果是女人的话，聪明、大方、得体、有品位、敏感但不多疑、有亲和力、有神秘感……这些品质会更容易吸引人。除此之外，还有一些表现也能让人对你好感倍增，刮目相看，比如：

1.适当为饭局服务，会让人觉得你有眼力见儿。在饭局上，你应该适当做些服务工作，尤其是有领导或长辈在场的情况下。你的服务一来是出于礼貌和尊敬，二来是给人留下懂事、有眼力见儿的好印象，为自己多创造一些机会。是否需要服务，要看场合和具体情况。如果你是客人或者客人带去的，就应该让东道主一方的人服务。否则身为客人去抢东道主的风头，会让东道主以为你嫌他不够热情周到。如果你是东道主或东道主那边的陪客，而且年龄最小、职位最低或资历最浅，就应该承担服务的工作。如果东道主一边的陪客中有比你年纪轻、职位低或资历浅的，就应该把机会让给他们，否则你自降身份的表现反而会让人认为是乱献殷勤。要是发现那个年轻人没有眼色，一动不动，你再补上去，以免失礼，这才是高情商的表现。

至于服务的具体内容，主要有以下几个方面：第一，斟茶、倒酒。比如看见客人的酒杯或茶杯空了，就主动上前给添上，给自己倒酒或倒水的同时，也给身边的人添上。第二，为大家提供方便。比如同桌人想吃远处的菜，你可以帮忙转转桌子。酒快没了，喊服务员上酒，等等。第三，散局后提醒大家拿好自己的物品，别落了什么。第四，帮喝多的人叫代驾或出租车，并明确他是否安全到家等情况。

2.随和大度，会让你更受欢迎。饭局上那么多人，那么多事，不可能十全十美。所以我们去参加饭局时，得提醒自己，遇事多包容。到场后，不挑事，不挑理，不挑人。上了桌，不挑酒菜，不挑服务。这种随和大度的人，不管走到哪儿，都受人欢迎。

3.适当的自我贬抑，能为你赢得更多好感。有的人喜欢在人前抬高自己，贬低别人，这么做的本意是想赢得尊重，使人不敢轻慢，但结果往往会适得其反。其实，我们有时候不妨反过来，把别人抬得高一些，无伤大雅地自我贬抑一下。能够在人前自我贬抑的人，通常是很有自信的。真正有实力的人往往都很谦虚，根本不怕被贬低。虽然你贬抑了自己，但别人却心知肚明，知道你是个自信而谦虚的人，而且是为了活跃气氛才行此举，因而不但不会看轻你，反而会对你更有好感。

4.适时显露锋芒，别人才不敢轻视你。想在饭局上展示自己，不能太张扬，但也不能太低调，连一点存在感都没有。当时机成熟，你要"该出手时就出手"，崭露锋芒，让别人不敢看轻你。

第五节 适时沉默，保持低调

喝酒的人都知道酒不能喝太多，否则容易出丑丢人。其实在饭局谈话中也是同样的道理，言多必失。说太多，或说错话，有时其结果可能远比出丑严重得多。因为说错话而导致与人撕破脸，关系恶化的例子比比皆是。因此，在饭局上适当沉默，保持低调，这是很有必要的。不过，这并不是说你只能低头吃饭，或者呆呆地坐着。在别人谈话时，你可以保持微笑，适时向他人点头示意，以此参与其中，给人留下一个得体、稳重、有风度的好印象。

当你有机会展现自己时，要注意以下几个问题：

1.不要把谈话变成你的个人演讲。一群人聚在一块儿吃饭，如果其中一人滔滔不绝地说，其他人只有听的份儿，那不叫谈话，而更像是个人演讲。每个人都有在众人面前展现自己，以获得认可的愿望。如果一个人霸占这种机会，一点都不给别人留，那势必会引起别人的不满。

2.不要过分自夸。与人交谈时，不能过分自夸，因为那样会给人一种狂妄和华而不实的感觉。即便你说的是事实，也该有所收敛，否则很容易引起别人的厌恶，更严重的后果是有可能引起别人强烈的嫉妒心，暗地里对你使坏。不管怎么说，在人前过分自夸的行为对你只有坏处，没有好处。

3. 不要炫耀自己的社会关系。不可否认，饭局是个交朋友、拉关系的好场合，不过在没弄清场上人际关系的情况下，一定不能主动提及自己的社会关系，这是很多过来人的经验之谈。想要跟人论交情，完全可以通过喝酒和谈话等方式去达到目的，没必要早早把自己的社会关系亮出来。你不提人际关系，人家或许还能跟你喝得好好的，一论起人际关系，酒可能就喝不下去了。万一说漏了嘴，或者说了什么不该说的，结果弄得场面尴尬还是轻的，最怕的是给社交关系埋下隐患，导致后患无穷。

炫耀自己的社交关系，会引起哪些不良后果呢？

第一，这个举动容易暴露你的底牌。与人交往时，多少要留一点神秘感，让人猜不透你，而不是把自己的底牌全盘托出。有道是"说者无意，听者有心"。饭局上人心不一，你一时口快，谈起谁谁谁跟你的关系有多近，保不齐就会有人多心，对你所说的东西做出各种推测，进而探出你的底牌。

第二，这个举动会让你损失人脉关系。在饭局上，人与人之间的关系颇为复杂，不只涉及你与他人之间的关系，还涉及其他人之间的各种关系。要是没搞清楚状况，就在人前炫耀自己跟谁关系多好，结果可能会很糟糕。比如当你侃侃而谈，说自己跟某个人之间的关系有多好时，说不定在场的人里面就有人跟你提起的人之间有过节，交流难以继续。

　　第三，这个举动会让人以为你能量很大，来找你办事。炫耀社会关系会让有的人信以为真，顺着关系找上门，来求你帮忙办事，若是办得成还好说，若办不成，让人以为你爱吹牛，那就太难堪了。

○○○○○

第十一章

饭局的结束

○ ○

第一节　买单的学问

　　中国人的饭局，说白了，就是为了交际。一个人在饭局上的种种行为，往往能透露出这个人的胸怀和气度。在饭后买单这个环节上也是如此。有的人习惯了AA制，很少主动买单。也有人认为掏钱请客就是"冤大头"，所以总是把自己的钱包按得死死的，从来都舍不得请客。可是看看这些人的人生轨迹就会发现，他们多数在原地绕圈，很少有能得到贵人提携的。究其原因，就在于他们怕吃亏，舍不得投资。所谓投资，不光包括金钱上的，还包括人情上的。很多时候，请客吃饭就是一种"人情投资"。或许因为一次不经意的慷慨请客，你就会赢得一份珍贵的人脉，或者一个难得的机会。

　　有人说，通过买单能看出一个人的人品。这话不假，毕竟没有人会喜欢一个总是蹭吃蹭喝、从不买单的人。不过有时候，主动买单也未必讨人喜欢，说不定别人还会认为你想抢风头，或者存心让人下不来台呢！所以说，你想请客，想做"人情投资"，还得看情况是否允许。

　　关于谁来买单这个问题，要根据不同情况来区别对待。比如：

1.谁请客，谁买单。谁张罗请客，谁就是默认的买单人。这是一条不成文的规定，也就是潜规则。

2.同事聚餐，没有明确的请客人，可以采用 AA 制或按商定的顺序大家轮流买单。事实证明，这种方式更有利于同事关系的和谐。在没有利益牵扯的情况下，大家实行 AA 制其实挺不错的，各付各账，轻松自在，谁都不会有心理负担。

3.有女士的饭局，男士买单。男士买单能显示绅士风度，女士一方如果觉得过意不去，不想欠下人情，可以找适当的机会回请。

4.不能总让有钱的人买单。对于有钱人来说，一顿饭钱算不了什么，但不能因为这样，就每次都让有钱人买单。该你请客的时候，一定要坚持自己买单。所谓"礼尚往来，人情互相"。跟有钱人打交道时，应该让他清楚，虽然你没他有钱，但在人格和尊严上，你们是平等的。谁都更喜欢自尊自爱，而不是爱占小便宜的人，不是吗？如果总是抱着"吃大户"的心态去参加饭局，那么你与那个有钱人之间的关系恐怕维持不了多久，毕竟很多时候，有钱人比普通人更在意钱花在了什么地方。

5.跟长辈吃饭，晚辈可以抢着买单。晚辈抢着为长辈买单，是一种表达尊重和仰慕的方式。当年，田溯宁和丁健就是因为一次买单，赢得了一笔投资，从而创立了今天的亚信科技。一次饭局结束后，田溯宁和丁健这两个刚毕业不久、没什么钱的留美学生抢着为刘耀伦这位长者买单。刘耀伦被他们两个人这种"尊重长者"的行为打动，没多久就给了他们一笔50

万美元的投资。后来，田溯宁和丁健带着这笔钱回国，创建了亚信科技。只因一个买单的举动，两个人不仅改变了人生轨迹，还成就了一家著名的企业。这笔小小的人情投资多么划算！

有几种情况，你是无须买单的，否则就"多此一举"了，比如：

1. 有人想通过买单来炫耀自己成功的饭局。这种人既然想炫耀，你就给他机会炫耀。如果你抢着买单，那让他的面子往哪儿搁？

2. 别人求你办事的饭局。有时候，朋友约你吃饭，在桌上开口求你帮忙。对方有事相求，当然默认是自己买单。如果你有意帮忙的话，就别抢着买单了，否则会让他觉得你根本无意帮忙。如果你无意帮忙或者无能为力，又不想欠下人情，可以找机会回请一次。

3. 作为新人，参加公司同事聚餐的饭局。新人入伙，一般要请同事们吃一顿"入伙饭"。除此之外的公司聚餐，新人最好不要抢着买单，毕竟新人的工资通常不太多。就算你家境优渥，抢着买单对你也没好处，因为那样会让某些奸诈的老员工觉得你心眼实，好欺负。如果大家决定 AA 制，你只需听大家说怎么分账，然后支付自己的那份就可以了。

如果你是买单人的话，买单时应该注意两个问题：一是买单时一定要低调，不能在人前咋咋呼呼，以免让人觉得你在故意炫耀自己的慷慨；二是最好别让客人知道你花了多少钱。当着客人的面细数账单上的数字，会让客人不自在，或者觉得你斤斤计较。如果有客人问这顿饭花了多少钱，你可以说："钱是小事，看大家吃得这么开心，花多少都值得。"

如果有心请客，你还要掌握一些买单的技巧，以免被别人抢单：

1.请客前，一定要有充足的预算。在买单时发现钱不够，结果让客人买了单，那是最尴尬的。

2.如果你有意买单，可以坐在一个距离门口比较近的位置，这样出去买单更方便。

3.为了避免被客人抢着买单，你可以在酒菜上齐后，借口去卫生间，然后到前台买单，也可以在预定时就留下买单的钱，并交代前台，如果有其他人来买单，就跟他说已经买过了。

4.最好在敲定饭局时就让所有客人知道你买单，如果事先忘记交代了，可以在饭局开始时说清楚这次由你买单。要是有人跟你客气，不让你买单，你可以说让他下次再请，这次就不要跟你争了。这样说的话，相信大部分人都能接受。

第二节　东道主如何送客

　　东道主如果只在饭局上下功夫，而忽略了送客，虎头蛇尾，那么前面所有的努力可能会功亏一篑。所谓"迎人三步，送人七步"，可见送客是比迎客更重要的一个环节。在这个环节，除了注意必要的礼数之外，还可以趁机对你想办的事进行一番巩固工作。比如对客人说："吃饭时我说的那事儿，劳您费心了！""事成之后，我定有重谢！"

　　除此之外，东道主在送客时，还应该注意以下几个问题：

　　1. 即便客人不得不告辞，也要说几句留客的话。别人感到你对他依依不舍，心里会很温暖。

　　2. 把没来得及说的重要事情说出来。也许你之前由于各种原因没说出口，但客人马上要走了，这时候再不说，可就没机会了。

　　3. 不可喝得烂醉，连客人离开都不知道。作为东道主，你的热情周到要体现在饭局的所有流程中，不能把劲儿都用在喝酒上，结果自己喝得烂醉，或者呼呼大睡，让客人孤孤单单地走出去。

4. 不要像蜻蜓点水那样敷衍。把客人送出去以后，应该目送一会儿，别急着转身回去，或者没等人家走远就急着关门，让人感觉你好像巴不得他走似的。

5. 该留步时就留步，不要耽误客人的时间。如果你已经送到门口或楼下，客人示意不用再送了，那你留在原地目送一会儿就可以了。强行远送，唠唠叨叨地没完，客人有要紧事的话，可能就会嫌你耽误时间了。

6. 不要在其他客人面前说已被送走的客人的是非。如果那样，在场的客人会认为你当面一套，背后一套，同时他们心里也难免会想，你在他们背后是不是也这样说三道四，这对你非常不利。

7. 尽量亲自起身送客。如果能送而不去送，会让客人误以为你摆架子，或看不起他。如果你实在脱不开身，也要跟客人致歉，以免误会，然后再嘱咐别人代你去送。

8. 如有必要，可换个场地，安排其他余兴节目。饭局后的活动场所，选在哪儿比较合适呢？如果大家觉得没喝尽兴，可以选择去酒吧、KTV 或烧烤店，换个环境继续喝。如果大家已经喝好了，只是觉得时间还早，想再多交流交流，不妨找个清净的茶馆或咖啡厅，边聊天，边醒酒，这也不错。如无须第二场，就礼貌送客，并保证客人安全到家。

第三节 客人如何优雅地离席

参加饭局要有始有终，不能开头热络，结尾草草收场，给人一种虎头蛇尾的印象。饭局结束不代表以后就没有接触了，所以我们应该注重饭后离席时的礼节和仪态，为与他人日后的相处做好铺垫。

当东道主发出信号，示意饭局结束时，身为客人，首先要搞清楚"谁应该先走"的问题。宾客离席的顺序一般是：先主宾，后陪客；领导优先，长辈优先，女士优先。

离席时，起身动作要既轻又稳。从座位上起身时，不能用手去推桌子，以免弄洒桌上的汤汤水水。有的餐厅座椅之间离得很近，所以起身时动作不能太急，挪动座椅时要避免跟别人或别人的座椅相撞。

临别前，客人应该感谢东道主的热情款待，告别的话可以是"改日再联络"或者"改日再聚"之类的。其他客人也不能忽略，多少要话别几句。

有的人可能因为公务繁忙，或者有要事在身，不得不提前离席。有的人可能地位很高，能到场就已经很给东道主面子了，无须一直待到饭局结束，就可以提前离席。无论是因为哪种情况需要中途离席的，都应该注意保持最基本的礼貌，注意以下几点：

1.如果在饭局开始前就确定自己不能等到饭局结束再离开，应该提前跟东道主打声招呼，告诉他自己大致能停留多久，以便让东道主心里有数，做好相应安排。

2.如果没有特别紧急的事，应该等东道主向主宾和重要客人敬完酒之后，择机向东道主敬杯酒，然后再离开。如果在上桌后刚吃了一口菜就张罗要走，东道主面子一定会挂不住的。

3.如果确实有急事不得不走，一定要向东道主说明原因，然后再道个别。中途离席最忌讳不告而别。跟东道主连声招呼都不打就悄悄走了，那是对东道主极大的不尊重。

4.离席时要低调些，尽量别引起其他客人的注意。中途离席时最忌张扬，如果已经跟东道主解释过，那悄悄离开就是了。有的人不只跟东道主道别，还跟在座的所有人逐个告别，好像自己是主角似的。中途离席已经很让人扫兴了，还要那么张扬。对于这种做法，东道主和其他客人都会心存不满。如有好事者追问，你可以在临走前祝大家喝得尽兴，并向大家简要说明自己必须离席的原因，以取得他们的谅解。

5.走的时候千万别带着其他客人一起走。中途离席时呼朋引伴而去，即便不是存心的，也会让东道主面上难堪，其他客人也觉得像要散局了似的，还怎么有兴致继续下去呢？这种做法无异于"砸场子"。

6.离开时要干脆利落，别占用东道主太多时间。有的人喜欢在道别时婆婆妈妈，拉着东道主说个没完。东道主不光要照顾你一个客人，桌上还有那么多客人要照顾呢，不是吗？

7.若想礼数更周全些，可以在事后找机会跟东道主真诚地道个歉，或者补充说明一下中途离席的理由。条件允许的话，还可以做一些暖人心的弥补之举。

第四节 认真告别，为日后交往做好铺垫

　　饭局结束后的告别是一个非常重要的环节。这个环节做得好，会为你与他人的关系锦上添花。做得不好，你之前所做的一切可能就都被抹杀了。告别时，礼数要周全，这自不必说。与此同时，你最好还能让对方感受到你对双方接下来的相处抱有热切的期待，为你们以后的交往做好铺垫。

　　告别时，需要注意的要点有三个：

　　1.告别方式要真诚、用心。如果你在告别时敷衍了事，只简单说声"再见"，对方是很难留下深刻印象的。如果你与他人恰好在饭桌上也没太多交流，那么这次再见之后，你们可能只是彼此生命中的过客，此后再也不会有什么联络。这样的话，这次饭局对你的意义就太小了，甚至可以说是毫无意义。如果你肯在告别这个环节上多花点心思，结果可能就大不一样了。比如在告别时，你可以表达对他人的不舍。你也可以在对方离去时，目送他远去，如果对方回过头来，发现你还在原地注视着他，心里很难不感动。你还可以在告别时送对方一点儿礼物，礼物不必贵重，只是代表一份心意，

让对方日后看到那件礼物时，一下子就能想起你。

2.告别要分清主次，但不能让人看出你厚此薄彼。饭局上那么多人，在告别之际，跟每个人都完成一整套送别仪式，这显然是不现实的。因此，我们在告别前应该对在场的所有人做个区分，分出主次。对你心目中的重要人物，告别时要下足功夫，每个程序都不落下，争取在最后一刻抓住对方的心。至于那些次要人物，就不必搞得太隆重了，毕竟时间上也不允许。虽然你心里已有主次之分，但在表面上，不能让人看出你厚此薄彼。当你跟心目中的重要人物依依惜别时，旁边会有很多人注意到。要是你对某个人特别热情，对其他人特别冷淡，会让那些人认为你没把人家当回事，心里不舒服。因此，明智的做法是：情况允许的话，先跟次要人物简单告别，稍晚些再跟重要人物告别，这样即使你们多聊一会儿，也不会太引人注意。

3.告别之际，一定别忘了互留联系方式。饭局只是一个短暂的社交平台，在这个平台上结交的关系，很多时候是要延续下去的。所以在饭局结束后，一定别忘了留下彼此的联系方式。你可以借着告别的机会跟对方交换联系方式，这样才不会在日后面临想联系人却联系不上的尴尬。我们都别对自己的记性太自信了，喝大了的时候，第二天酒醒以后很多人都是"断片"的状态，不及时把联系方式记下来怎么行呢？不要小看一张名片、一串电话号码，或者一个社交账号，只要运用得当，它们都是你的宝贵财富，早晚派得上大用场。肯给你留下联系方式的人，至少说明他对你印象不错，想跟你有进一步的接触。所以每一个联系方式，都至少意味着一条人脉或一个机会。在饭局上结识的人，在饭局后也不要断了联系。有事没事给人家打个电话，发个消息，问候一声。在这种你来我往、细水长流地经营下，人与人之间的关系才会不断深化，直至成为"铁杆"的交情。

说起要联系方式，这里还得多说几句。向别人要联系方式时，不能太心急，怎么也得在饭局上做点铺垫才行。觉得人家对你还算有好感，想继续交往，你才好开口跟人家要。开口时，语气一定得委婉些，不能强迫。人家不想给的话，也别强求，否则死乞白赖地要了来，人家以后也不愿意搭理你。有的人一听说对方可能对自己有用，也不做什么铺垫，话还没说上几句，就跟人家要联系方式。人家面色迟疑，他也满不在乎，还是一直追着要。人家可能看桌上人多，不想让他下不来台，只好交出联系方式。他倒好，联系方式一到手，也不管三七二十一，第二天就拨通电话，让人家帮着办事。这种人通常认为，参加饭局就是为了认识人，所以不管用什么办法，一定得把联系方式要来。既然认识了，别人就得关照自己，要不然自己去饭局干吗的？他也不想想，别人跟他又不熟，连电话都是迫于无奈才给的，凭什么帮他办事呢？

之所以说这些，是想提醒大家：要到联系方式以后，跟人家来往时也要讲究策略。最好是循序渐进地来，等铺垫的功夫做足了，有了交情，才好开口求人。常言道："心急吃不了热豆腐。"跟人家还不熟，就过早地显露出功利心，结果很可能是吃闭门羹，或让人对你避之唯恐不及。